企业高技能人才职业培训系列教材

桥隧工(城轨)
QIAOSUIGONG(CHENGGUI)(三级)

编审委员会

主　　任	仇朝东
委　　员	顾卫东　葛恒双　葛　玮　孙兴旺　刘汉成
执行委员	孙兴旺　瞿伟洁　李　晔　夏　莹　叶华平　李　益　杜晓红

主　编	卜邦梅
副主编	葛庆峰
编　者	孙建华　朱　毅　陈　君
主　审	朱　妍

中国劳动社会保障出版社

图书在版编目(CIP)数据

桥隧工. 城轨：三级/人力资源和社会保障部教材办公室等组织编写. —北京：中国劳动社会保障出版社，2016

企业高技能人才职业培训系列教材

ISBN 978-7-5167-2432-3

Ⅰ.①桥… Ⅱ.①人… Ⅲ.①铁路桥-职业培训-教材②铁路隧道-职业培训-教材③城市铁路-铁路桥-职业培训-教材④城市铁路-铁路隧道-职业培训-教材 Ⅳ.①U448.13②U459.1

中国版本图书馆 CIP 数据核字(2016)第 044815 号

中国劳动社会保障出版社出版发行
(北京市惠新东街 1 号　邮政编码：100029)
*
三河市华骏印务包装有限公司印刷装订　新华书店经销

787 毫米×1092 毫米　16 开本　13 印张　232 千字
2016 年 3 月第 1 版　2016 年 3 月第 1 次印刷
定价：32.00 元

读者服务部电话：(010) 64929211/64921644/84626437
营销部电话：(010) 64961894
出版社网址：http://www.class.com.cn

版权专有　　侵权必究

如有印装差错，请与本社联系调换：(010) 50948191
我社将与版权执法机关配合，大力打击盗印、销售和使用盗版图书活动，敬请广大读者协助举报，经查实将给予举报者奖励。
举报电话：(010) 64954652

内容简介

本教材由人力资源和社会保障部教材办公室、中国就业培训技术指导中心上海分中心、上海市职业技能鉴定中心、上海申通地铁集团有限公司轨道交通培训中心依据桥隧工（城轨）（三级）职业技能鉴定细目组织编写。教材从强化培养操作技能，掌握实用技术的角度出发，较好地体现了当前最新的实用知识与操作技术，对提高从业人员基本素质，掌握桥隧工（城轨）（三级）的核心知识与技能有直接的帮助和指导作用。

本教材以既注重理论知识的掌握，又突出操作技能的培养，实现了培训教育与职业技能鉴定考核的有效对接，形成一套完整的桥隧工（城轨）培训体系。本教材内容共分为 3 章，主要包括：生产管理基础知识、桥梁综合作业、隧道作业。

本教材可作为桥隧工（城轨）（三级）职业技能培训与鉴定考核教材，也可供本职业从业人员培训使用，全国中、高等职业技术院校相关专业师生也可以参考使用。

前言

企业技能人才是我国人才队伍的重要组成部分,是推动经济社会发展的重要力量。加强企业技能人才队伍建设,是增强企业核心竞争力、推动产业转型升级和提升企业创新能力的内在要求,是加快经济发展方式转变、促进产业结构调整的有效手段,是劳动者实现素质就业、稳定就业、体面就业的重要途径,也是深入实施人才强国战略和科教兴国战略、建设人力资源强国的重要内容。

国务院办公厅在《关于加强企业技能人才队伍建设的意见》中指出,当前和今后一个时期,企业技能人才队伍建设的主要任务是:充分发挥企业主体作用,健全企业职工培训制度,完善企业技能人才培养、评价和激励的政策措施,建设技能精湛、素质优良、结构合理的企业技能人才队伍,在企业中初步形成初级、中级、高级技能劳动者队伍梯次发展和比例结构基本合理的格局,使技能人才规模、结构、素质更好地满足产业结构优化升级和企业发展需求。

高技能人才是企业技术工人队伍的核心骨干和优秀代表,在加快产业优化升级、推动技术创新和科技成果转化等方面具有不可替代的重要作用。为促进高技能人才培训、评价、使用、激励等各项工作的开展,上海市人力资源和社会保障局在推进企业高技能人才培训资源优化配置、完善高技能人才考核评价体系等方面做了积极的探索和尝试,积累了丰富而宝贵的经验。企业高技能人才培养的主要目标是三级(高级)、二级(技师)、一级(高级技师)等,考虑到企业高技能人才培养的实际情况,除一部分在岗培养并已达到高技能人才水平外,还有较大一批人员需要从基础技能水平培养起。为此,上海市将企业特有职业的五级(初级)、四级(中级)作为高技能人才培养的基础阶段一并列入企业高技能人才培养评价工作的总体框架内,以此进一步加大企业高技能人才培养工作力度,提高企业高技能人才培养效果,更好地实现高技能人才

培养的总体目标。

为配合上海市企业高技能人才培养评价工作的开展，人力资源和社会保障部教材办公室、中国就业培训技术指导中心上海分中心、上海市职业技能鉴定中心联合组织有关行业和企业的专家、技术人员，共同编写了企业高技能人才职业培训系列教材。本教材是系列教材中的一种，由上海申通地铁集团有限公司轨道交通培训中心负责具体编写工作。

企业高技能人才职业培训系列教材聘请上海市相关行业和企业的专家参与教材编审工作，以"能力本位"为指导思想，以先进性、实用性、适用性为编写原则，内容涵盖该职业的职业功能、工作内容的技能要求和专业知识要求，并结合企业生产和技能人才培养的实际需求，充分反映了当前从事职业活动所需要的核心知识与技能。教材可为全国其他省、市、自治区开展企业高技能人才培养工作，以及相关职业培训和鉴定考核提供借鉴或参考。

新教材的编写是一项探索性工作，由于时间紧迫，不足之处在所难免，欢迎各使用单位及个人对教材提出宝贵意见和建议，以便教材修订时补充更正。

企业高技能人才职业培训系列教材
编审委员会

第1章 生产管理基础知识   PAGE 1

  1.1 预算编制 ·· 3
      知识要求
      1.1.1 建筑工程计价特点 ································· 3
      1.1.2 建筑产品和生产特点 ······························ 5
      1.1.3 建筑产品价格 ······································ 6
      1.1.4 建筑工程计价 ······································ 7
      1.1.5 建筑定额 ·· 10
      1.1.6 基础定额 ·· 11
      1.1.7 企业定额 ·· 12
      1.1.8 消耗量定额 ·· 13
      1.1.9 计价规范 ·· 15
      1.1.10 建筑工程费用项目构成和计算方法 ··············· 19
  1.2 施工图基础知识 ··· 28
      知识要求
      1.2.1 建筑施工图 ·· 28
      1.2.2 建筑平面图 ·· 29
      1.2.3 建筑立面图 ·· 33
      1.2.4 建筑剖面图 ·· 36
      1.2.5 建筑详图 ·· 36
      1.2.6 结构施工图 ·· 38
  理论知识复习题 ·· 51
  理论知识复习题答案 ·· 52

第2章 桥梁综合作业   PAGE 53

  2.1 桥面作业 ·· 55
      知识要求
      2.1.1 桥面检查 ·· 55

I

2.1.2　桥面抄平知识 ·· 56
技能要求
桥面抄平作业 ··· 61
铺装桥面防水层作业 ·· 62
2.2　桥跨作业 ··· 63
知识要求
2.2.1　桥下检查 ·· 63
2.2.2　钢梁涂装 ·· 64
2.2.3　焊缝连接 ·· 68
2.2.4　拱桥初步知识 ······································· 79
2.2.5　缆索桥初步知识 ··································· 85
2.2.6　桥梁常见截面初步知识 ······················ 89
技能要求
安装泄水管作业 ··· 91
钢梁整孔除锈、涂装作业 ·· 92
2.3　桥梁附属设备作业 ·· 93
知识要求
2.3.1　声屏障 ·· 93
2.3.2　桥台锥体护坡施工 ······························ 95
技能要求
更换声屏障作业 ··· 96
2.4　桥梁设施验收及质量评定 ·· 97
知识要求
2.4.1　桥梁的维护管理 ·································· 97
2.4.2　综合维修验收 ······································· 99
2.4.3　保养验收 ·· 101
2.4.4　桥梁质量评定标准 ···························· 103
技能要求
桥梁状态评定 ··· 105
桥梁维修保养质量评定 ·· 105
理论知识复习题 ·· 106
理论知识复习题答案 ··· 107

目录

第 3 章　隧道作业　　PAGE 109

3.1　防水施工 ·· 111
知识要求
- 3.1.1　防水混凝土 ·· 111
- 3.1.2　水泥砂浆防水层 ·· 112
- 3.1.3　卷材防水层 ·· 113
- 3.1.4　涂料防水层 ·· 115
- 3.1.5　塑料板防水层 ·· 115
- 3.1.6　金属板防水层 ·· 117
- 3.1.7　隧道防水细部构造 ··· 117
- 3.1.8　复合式衬砌 ·· 118
- 3.1.9　盾构法隧道主要技术标准 ······································ 119
- 3.1.10　隧道管片预注浆、后注浆 ···································· 120
- 3.1.11　衬砌裂缝注浆 ·· 121
- 3.1.12　地下连续墙 ·· 122
- 3.1.13　逆筑结构 ··· 123

3.2　放样施工 ·· 125
知识要求
- 3.2.1　工程图识图 ·· 125
- 3.2.2　施工测量放样 ·· 134
- 3.2.3　基面的处理 ·· 136
- 3.2.4　钢板止水带安装 ··· 136
- 3.2.5　纤维布粘贴 ·· 137
- 3.2.6　变形缝施工 ·· 140
- 3.2.7　整体道床作业 ·· 144

技能要求
- 放置注浆嘴作业 ··· 148
- 变形缝注浆作业 ··· 149
- 整体道床结构注浆补强作业 ··· 149

3.3　隧道旁通道作业 ·· 150
知识要求
- 3.3.1　工程识图的规则 ··· 150
- 3.3.2　旁通道处管片堵漏方法 ·· 151
- 3.3.3　旁通道处涂抹防水作业指导书 ································· 159

技能要求
　　　　注浆堵漏施工（不规则裂缝钻孔注浆堵漏施工） …………………… 160
　　　　环氧胶泥嵌缝作业 ……………………………………………………… 161
3.4　隧道设施验收及质量评定 ……………………………………………… 162
　　　知识要求
　　　　3.4.1　隧道的维护管理 ………………………………………………… 162
　　　　3.4.2　综合维修验收 …………………………………………………… 165
　　　　3.4.3　保养验收 ………………………………………………………… 166
　　　　3.4.4　隧道质量评定标准 ……………………………………………… 166
　　　技能要求
　　　　盾构法隧道病害检查作业 ……………………………………………… 167
　　　　隧道结构设施检查作业 ………………………………………………… 169
理论知识复习题 ………………………………………………………………… 172
理论知识复习题答案 …………………………………………………………… 174

理论知识考试模拟试卷及答案 ………………………………………………… 175
操作技能考核模拟试卷 ………………………………………………………… 185

附录A　隧道结构综合维修质量评定表 ……………………………………… 195
附录B　隧道结构状态评定表 ………………………………………………… 196
附录C　隧道结构保养质量评定表 …………………………………………… 197
附录D　人防门（保养/综合维修）质量评定表 ……………………………… 198

第 1 章

生产管理基础知识

1.1 预算编制

1.2 施工图基础知识

理论知识复习题

理论知识复习题答案

1.1 预算编制

学习目标

✓ 了解编制预算表的依据
✓ 掌握预算组成与计算
✓ 掌握施工图的相关知识

知识要求

1.1.1 建筑工程计价特点

建筑工程即建筑产品，是建筑业的物质成果。基本建设各部门均以建设工程为对象进行生产、管理、使用。建筑产品在经济范畴里，和其他行业生产的产品一样，具有商品的属性，需要计价。但其计价的特点与其他商品有所不同，主要区别在于建筑产品的计价是一项预测行为，价格需预先计算。如估算、概算、预算等。

1. 建筑产品的分类

按建筑产品对象划分，建筑产品可以分为三类。

(1) 土木工程。包括铁路工程、公路工程、桥梁工程、水利工程、港口工程、航空工程、通信工程、地下工程等。

(2) 市政工程。包括燃气工程、给水工程、排水工程、城市交通建设工程、城市集中供热工程、园林绿化工程、道路工程等。

(3) 建筑安装工程。包括工业建筑与厂房（含专用窑炉、矿井）、农业生产用房、动力部门生产用房、运输仓储用房、住宅建筑、公共建筑（包括商业服务用房、文教科研部门用房、卫生托幼福利事业用房、交通邮电部门用房、行政用房）。此外还包括以上建筑物内的生产和生活所用设备的安装。

2. 按工程建设项目的组成划分

为了便于管理建设工程和确定建筑产品价格，将建设项目的整体根据其组成进行科学分解，划分为若干个单项工程、单位工程、分部工程、分项工程、子项工程。

一个具体的基本建设工程，通常就是一个建设项目。一般是指在一个场地或几个场地上，按照一个设计意图，在一个总体设计或初步设计范围内，进行施工的各个项目的总和。在工业建设中，一个工厂就是一个建设项目；在民用建设中，一般以一个学校、一所医院等为一个建设项目。

建筑产品在其初步设计阶段以建设项目为对象编制总概算，竣工验收后编制工程竣工决算。

(1) 单项工程。单项工程是指在一个建设项目中，具有独立的设计文件，竣工后可以独立发挥生产能力或效益的工程。它是建设项目的组成部分。如工业建设中的各个车间、办公楼、食堂、住宅等，民用工程中的学校教学楼、图书馆、实验楼、食堂等，各自成为一个单项工程。

单项工程按其最终用途不同分成许多种类。如工业建设项目中的单项工程分为：主要工程项目（如生产某种产品的车间）、附属生产工程项目（如为生产车间提供维修服务的机修车间）、公用工程项目（如给排水工程）、服务项目（如食堂、浴室）等。

单项工程建筑产品的价格，是由编制单项工程综合概预算或投标价来确定的。

(2) 单位工程。单位工程是竣工后一般不能独立发挥生产能力或效益，但具有独立设计，可以独立组织施工的工程。它是单项工程的组成部分。按照单项工程的构成，可以分解为建筑工程和设备及其安装工程两类。而每一类中又可按专业性质及作用不同分解为若干个单位工程。如一个生产车间的厂房修建、电气照明、给水排水、工业管道安装、机械设备安装、电气设备安装等，都是单项工程中所包括的不同性质工程内容的单位工程。

单位工程一般是进行工程成本核算的对象。在预算结算制中，单位工程产品价格是由编制单位工程施工图预算这一特殊方式来确定的。在招标投标制中，单位工程产品价格是由投标单位根据工程量清单报价的方式确定的。

（3）分部工程。分部工程是单位工程的组成部分。按照工程部位、设备种类和型号、工种和结构的不同，可将一个单位工程分解为若干个分部工程。如房屋的土建工程，按其不同的工种、不同的结构和部位可分为土石方工程、砌筑工程、钢筋和混凝土工程、门窗工程、装饰工程等。分部工程还可以再分为子分部工程，如装饰工程可分为楼地面工程、顶棚工程等。

（4）分项工程。分项工程是分部工程的组成部分。按照不同的施工方法、不同的材料、不同的内容，可将一个分部工程分解为若干个分项工程。如砌筑工程（分部工程）可分为砖墙、毛石墙等分项工程。

（5）子项工程。子项工程（子目）是分项工程的组成部分，是工程中最小的单元体。如砖墙分项工程可分为240砖外墙、365砖外墙等。子项工程是计算工、料、机械和资金消耗的最基本的构造要素。单位估价表中的单价大多是以子项工程为对象计算的。

1.1.2 建筑产品和生产特点

建筑产品在经济范畴里，和其他工农业产品一样，具有商品的属性。但从其产品和生产的特点来看，却具有与一般商品不同的特点，具体表现在以下几方面。

1. 建筑产品的固定性

工程项目都是根据需要和特定条件由建设单位选址建造的，建设地点和设计方案确定后，工程项目的位置便固定下来。当建筑产品全部完成后，施工单位将产品原地不动移交给使用单位。产品的固定性决定了生产的流动性，劳动者不但要在施工工程各个部位移动工作，而且随着施工任务的完成又将转向另一项新的工程。产品的固定性，使工程建设地点的气象、工程地质、水文地质和技术经济条件直接影响工程的设计、施工和成本。

2. 建筑产品的单件性

建筑产品的固定性，导致了建筑产品必须单件设计、单件施工、单独定价。建筑产品是根据它们各自的功能和建设单位的特定要求，在特定条件下单独设计的。因而建筑产品形式多样，各具特色，每项工程都有不同的规模、结构、造型、等级和装饰，需要选用不同的材料和设备。即使同一类工程，各个单件也有差别。由于建造地点和设计的不同，必须采用不同的施工方法，单独组织施工。因此，每个项目的劳动力、材料、施工机械和动力燃料消耗各不相同，工程成本差异很大，必须单独定价。

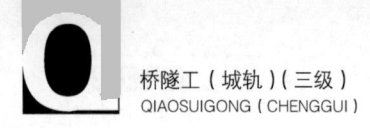

3. 工程建设露天作业

建筑产品的固定性，加之体形庞大，其生产一般在露天进行，受自然条件、季节性影响较大。这会引起产品设计的某些内容和施工方法的变动，也会造成防雨、防寒等费用的增加，影响工程的造价。

4. 建筑产品生产周期长

建筑产品生产过程要经过勘察、设计、施工、安装等很多环节，涉及面广，协作关系复杂。施工企业内部要进行多工种综合作业，工序繁多，往往长期大量地投入人力、物力、财力，因而建筑产品生产周期长。由于建筑产品价格受时间的制约，价格因素变化大。如国家经济体制改革出现的一些新的费用项目，材料设备价格的调整等，都会直接影响建筑产品的价格。

总之，上述特点决定了建筑产品不宜简单地规定统一价格，而必须借助编制工程概预算或招标标底、投标报价等特殊的计价程序给每个建筑产品单独定价，以确定其合理价格。

1.1.3 建筑产品价格

1. 建筑产品价值

价值是价格的基础。商品的价值用货币形态表现出来就是价格。按照马克思的再生产理论，社会产品的价值组成应该包括物化劳动、活劳动消耗和新创造的价值，即 C（不变资本）、V（可变资本）、M（剩余价值）三部分。建筑产品是商品，其价值同样应由三部分组成：建造过程中所消耗的生产资料的价值（C），其中包括建筑材料、燃料等劳动对象的耗费和建筑机械等劳动手段的耗费；劳动者为满足个人需要的生活资料所创造的价值（V），它表现为建筑职工的工资；劳动者为社会和国家提供的剩余产品的价值（M），它的价值表现为利润等。

2. 建筑产品成本项目

为了便于建筑产品成本的比较和分析考核，根据建筑产品的特点，建筑产品生产费用一般可按照经济用途分类。

建筑工程成本项目由人工费、材料费、施工机械使用费、措施费、企业管理费和规费组成。

3. 建筑产品的计价特点

由于建筑产品自身的特点，需采用特殊的计价方式单独定价。其定价的基本原理是将最基本的工程项目作为假定产品计算出单位工程造价。所谓假定产品，是指消耗量定额中或工程量清单中所规定的工程项目，它们是最基本的分项或子项工程。它们与完整的工程项目不同，无独立存在的意义，只是建筑安装工程的一种因素，是为了确定建筑安装单位工程产品价格而分解出来的一种假定产品。

确定单位工程建筑产品价格，首先确定单位假定产品（分项或子项工程）的人工、材料、机械台班消耗指标（定额），再用货币形式计算单位假定产品的价格（单价），作为建筑产品计价基础。然后根据施工图和工程量计算规则分别计算出各工程项目的工程量，再分别乘以工程单价，计算出建筑产品的直接费用成本，并以直接费用成本为基础计算出间接费用成本。最后再计算利润和税金，汇总后构成建筑产品的完全价格，也可以根据工程量清单和综合单价计算工程费用。综合单价包括除规费、税金以外的全部费用。

1.1.4　建筑工程计价

1. 基本建设预算的概念

基本建设预算（简称建设预算）是基本建设设计文件的重要组成部分，是根据不同设计阶段的具体内容，国家规定的定额、指标和各项费用取费标准，预先计算和确定每项新建、扩建、改建和重建工程，从筹建至竣工验收全过程所需投资额的经济文件。它是国家对基本建设进行科学管理和监督的重要手段之一。

建筑安装工程概算和预算是建设预算的重要组成部分。它是根据不同设计阶段的具体内容，国家规定的定额、指标和各项费用取费标准，预先计算和确定基本建设中建筑安装工程部分所需要的全部投资额的文件。

建设预算所确定的每一个建设项目、单项工程或其中单位工程的投资额，实质上就是相应工程的计划价格。在实际工作中称为概算造价或预算造价。在基本建设中，用编制基本建设预算的方法来确定基建产品的计划价格，是由建筑工业产品的生产不同于一般工业的技术经济特点和社会主义商品经济规律所决定的。

2. 基本建设预算的分类和作用

根据我国的设计、概算预算文件编制和管理方法，并结合建设工程概算预算编制的顺序进行分类。

（1）投资估算。投资估算，一般是指在项目建议书或可行性研究阶段，建设单位向国家或主管部门申请基本建设投资时，为了确定建设项目的投资总额而编制的经济文件。它是国家或主管部门审批或确定基本建设投资计划的重要文件。投资估算主要根据估算指标、概算指标或类似工程预（决）算等资料进行编制。

（2）设计概算。设计概算，是指在初步设计或扩大初步设计阶段，由设计单位根据初步设计图样、概算定额或概算指标、设备预算价格，各项费用的定额或取费标准，建设地区的自然、技术经济条件等资料，预先计算建设项目由筹建至竣工验收、交付使用的过程中全部建设费用的经济文件。

设计概算的主要作用包括五点。

1）国家确定和控制建设项目总投资的依据。未经规定的程序批准，不能突破总概算的这一限额。

2）编制基本建设计划的依据。每个建设项目，只有当初步设计和概算文件被批准后，才能列入基本建设计划。

3）进行设计概算、施工图预算和竣工决算"三算"对比的基础。

4）实行投资包干和招标承包制的依据，也是银行办理工程贷款和结算，以及实行财政监督的重要依据。

5）考核设计方案的经济合理性，选择最优设计方案的重要依据。利用概算对设计方案进行经济性比较，是提高设计质量的重要手段之一。

（3）修正概算。修正概算，是指当采用三阶段设计时，在技术设计阶段，随着设计内容的具体化，建设规模、结构性质、设备类型和数量等方面内容与初步设计可能有出入，为此，设计单位应对投资进行具体核算，对初步设计的概算进行修正而形成的经济文件。

修正概算的作用与设计概算基本相同。一般情况下，修正概算不应超过原批准的设计概算。

（4）施工图预算。施工图预算是指在施工图设计阶段，设计全部完成并经过会审，单位工程开工之前，设计咨询或施工单位根据施工图样、施工组织设计、预算定额或规范、人材机单价和各项费用取费标准，建设地区的自然、技术经济条件等资料，预先计算和确定单项工程和单位工程全部建设费用的经济文件。

施工图预算的主要作用包含五点。

1）确定建筑安装工程预算造价的具体文件。

2）签订建筑安装工程施工合同、实行工程预算包干、进行工程竣工结算的依据。

3）银行借贷工程价款的依据。

4）施工企业加强经营管理，搞好经济核算，实行对施工预算和施工图预算"两算"对比的基础，也是施工企业编制经营计划、进行施工准备的依据。

5）建设单位编制标底和施工单位编制报价文件的依据。

(5) 施工预算。施工预算是指施工阶段，在施工图预算的控制下，施工单位根据施工图计算的分项工程量、施工定额、单位工程施工组织设计等资料，通过工料分析，计算和确定拟建工程所需的人工、材料、机械台班消耗量及其相应费用的技术经济文件。

施工预算的主要作用有四点。

1) 施工企业对单位工程实行计划管理，编制施工作业计划的依据。

2) 施工队向班组签发施工任务单、实行班组经济核算、考核单位用工、限额领料的依据。

3) 班组推行全优综合奖励制度、实行按劳分配的依据。

4) 施工企业开展经济活动分析、进行"两算"对比的依据。

(6) 工程结算。工程结算，是指一个单项工程、单位工程、分部工程或分项工程完工，并经建设单位和有关部门验收或验收点交后，施工企业根据合同规定，按照施工时现场实际情况记录、设计变更通知书、现场签证、预算定额、工程量清单、人工材料机械单价和各项费用取费标准等资料，向建设单位办理结算工程价款并取得收入的文件。它是用以补偿施工过程中的资金耗费，确定施工盈亏的经济文件。

工程结算一般有定期结算、阶段结算、竣工结算等方式。工程结算的主要作用有两点。

1) 施工企业取得货币收入，用以补偿资金耗费的依据。

2) 进行成本控制和分析的依据。

(7) 竣工决算。竣工决算是指在竣工验收阶段，当一个建设项目完工并经验收后，建设单位编制的计算从筹建到竣工验收、交付使用全过程实际支付的建设费用的经济文件。其内容由文字说明和决策报表两部分组成。

竣工决算是国家或主管部门验收小组验收时的依据；全面反映基本建设经济效果、核定新增固定资产和流动资产价值、办理交付使用的依据。

综上所述，建设预算的各项技术经济文件均以价值形态贯穿整个基本建设过程之中，如图1—1所示。

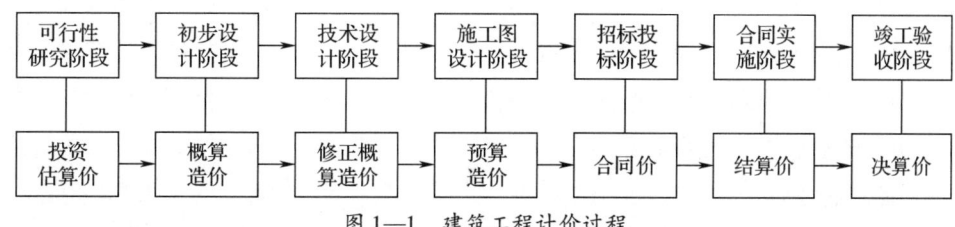

图1—1 建筑工程计价过程

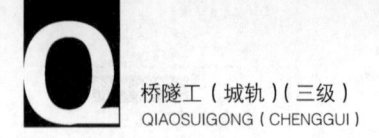

从申请建设项目，确定和控制基本建设投资，到确定基建产品计划价格，进行基本建设经济管理和施工企业经济核算，最后以决算形成企事业单位的固定资产。总之，这些经济文件反映了基本建设中的主要经济活动。在一定意义上说，它们是基本建设经济活动的血液，这是一个有机的整体，缺一不可。

1.1.5 建筑定额

1. 定额的概念

在建设过程中，完成某一分项工程或结构构件的生产，必须消耗一定数量的劳动力、材料、机械台班和资金。这些消耗是随着生产的技术组织条件的变化而变化的，它应反映出一定时期的社会劳动生产率水平。

定额是指在正常的施工条件、先进合理的施工工艺和施工组织的条件下，采用科学的方法制定每完成一定计量单位的质量合格产品所必须消耗的人工、材料、机械设备及其价值的数量标准。正常的施工条件、先进合理的施工工艺和施工组织，就是指生产过程按生产工艺和施工验收规范操作，施工条件完善，劳动组织合理，机械运转正常，材料储备合理。在这样的条件下，采用科学的方法对完成单位产品进行的定员（定工日）、定质（定质量）、定量（定数量）、定价（定资金），同时还规定了应完成的工作内容，达到的质量标准和安全要求等。

实行定额的目的，是力求用最少的人力、物力和财力，生产出符合质量标准的合格建筑产品，取得最好的经济效益。定额既是使建筑安装活动中的计划、设计、施工、安装各项工作取得最佳经济效益的有效工具和杠杆，又是衡量、考核上述工作经济效益的尺度。它在企业管理中占有十分重要的地位。当前正在进行建筑业全行业改革，改革的关键是推行投资包干制和招标承包制，其中签订投资包干协议，计算招标标底和投标报价，签订总包和分包合同，以及企业内部实行的各种形式的承包责任制，都必须以各种定额为主要依据。随着改革的深入和发展，定额作为企业科学管理的基础，必将得到进一步完善和提高。

定额作为加强企业经营管理、组织施工、决定分配的工具，主要作用表现为：它既是建设系统作为计划管理、宏观调控、确定工程造价、对设计方案进行技术经济评价、贯彻按劳分配原则、实行经济核算的依据，也是衡量劳动生产率的尺度，还是总结、分析和改进施工方法的重要手段。

2. 定额的性质

定额具有科学性、系统性、统一性、指导性、群众性、稳定性和时效性等性质。

3. 定额的分类

建筑工程定额的种类很多，按其内容、形式、用途等不同，有不同的分类。

（1）按生产要素分类。可分为劳动定额、材料消耗定额和机械台班使用定额。

（2）按定额用途分类。可分为基础定额、企业定额、消耗量定额（或预算定额）、概算定额、概算指标和估算指标。

（3）按定额单位和执行范围分类。可分为全国统一定额、专业专用和专业通用定额、地方统一定额、企业补充定额、临时定额。

（4）按专业和费用分类。可分为建筑工程定额、安装工程定额、其他工程和费用定额、间接费定额。

定额的形式、内容和种类是根据生产建设的需要而制定的，不同的定额在使用中的作用也不完全一样，但它们之间是相互联系的，在实际工作中有时需要相互配合使用。

1.1.6 基础定额

建筑工程中绝大部分的定额编制工作都是在基础定额的基础上进行的。所谓基础定额，是指建筑工程中，按照生产要素，在规定的正常施工条件和合理的劳动组织、合理使用材料和机械等条件下，完成单位合格产品所必须消耗的人工、材料、机械台班的数量标准。它由劳动定额、材料消耗定额、机械台班定额组成。

按照国家建设行政主管部门的要求，应规范建筑安装工程造价项目内容、工程项目划分、计量单位和工程量计算规则。编制建筑工程人工、材料、机械消耗量的基础定额，供确定标底和投标报价时参考，并作为宏观调控的手段。劳动力、材料、机械等价格由市场调节，同时要引导施工企业编制自己的定额，自主投标报价。

1. 劳动消耗定额

劳动消耗定额简称劳动定额或人工定额，它规定在一定生产技术组织条件下，完成单位合格产品所必需的劳动消耗量的标准。这个标准是国家和企业对工人在单位时间内完成的产品数量、质量的综合要求。它表示建筑安装工人劳动生产率的一个先进合理指标。

全国统一劳动定额与企业内部劳动定额在水平上具有一定的差别。企业应以全国统一劳动定额或地区统一劳动定额为标准结合单位实际情况，制定符合本企业实际的企业内部劳动定额，不能完全照搬。

劳动定额按其表现形式有时间定额和产量定额两种。

2. 材料消耗定额

材料消耗定额是指在节约与合理使用材料的条件下，生产单位合格产品所必须消耗的一定规格的建筑材料、半成品或配件的数量标准。它包括材料的净用量和必要的工艺性损耗数量。

材料消耗定额不仅是实行经济核算、保证材料合理使用的有效措施，而且是确定材料需用量、编制材料计划的基础；同时也是定额承包或限额领料、考核和分析材料利用情况的依据。

3. 机械台班消耗定额

机械台班消耗定额，简称机械台班定额。它是指施工机械在正常的施工条件下，合理均衡地组织劳动和使用机械时，该机械在单位时间内的生产效率。按其表现形式不同，机械台班定额也可以分为机械时间定额和机械产量定额两种。

1.1.7 企业定额

1. 企业定额的概念

企业定额是施工企业根据本企业的施工技术和管理水平，以及有关工程造价资料制定的，并供本企业使用的人工、材料和机械台班消耗量标准。

企业定额是直接用于建筑施工管理中的一种定额。它由劳动定额、材料消耗定额、施工机械台班使用定额三部分组成。

2. 企业定额的作用（见表1—1）

表1—1　　　　　　　　　　企业定额的作用

序　号	作　用
1	建筑施工企业编制施工预算的依据
2	编制项目管理实施规划或施工组织设计的依据
3	建筑企业内部经济核算的依据
4	与工程队或班组签发任务单的依据
5	供计件工资和超额奖励计算的依据
6	作为限额领料和节约材料奖励的依据
7	编制消耗量定额和单位估价表的基础

3. 企业定额的组成

企业定额一般由文字说明、定额项目表和附录三部分组成。

1.1.8 消耗量定额

1. 消耗量定额的概念

消耗量定额,是由建设行政主管部门根据合理的施工组织设计、正常的施工条件,制定的生产一个规定计量单位工程合格产品所需人工、材料、机械台班的社会平均消耗量标准。

消耗量定额是由国家或其授权单位统一组织编制和颁发的一种法令性指标。有关部门必须严格遵守执行,不得任意变动。消耗量定额中的各项指标是国家允许建筑企业在完成工程任务时工料消耗的最高限额,也是国家提供的物质资料和建设资金的最高限额,从而使建筑工程有一个统一核算尺度,对基本建设实行计划管理和有效的经济监督,也是保证建筑工程施工质量的重要手段。统一的消耗量定额是一种社会的平均消耗,是一个综合性的定额,它适合一般的设计和施工情况。对一些设计和施工变化多,影响工程造价较大,往往与消耗量定额不相符的项目,消耗量定额规定可以根据设计和施工的具体情况进行换算,使消耗量定额在统一原则下,又具有必要的灵活性。

2. 消耗量定额的作用(见表1—2)

表1—2　　　　　　　　　　消耗量定额的作用

序　号	作　用
1	编制建筑工程预算、确定工程造价、进行工程竣工结算的依据
2	编制招标标底、投标报价的基础资料
3	建筑企业贯彻经济核算制、考核工程成本的依据
4	编制地区价目表和概算定额的基础
5	设计单位对设计方案进行技术经济分析比较的依据

综上所述,消耗量定额在基本建设中,对合理确定工程造价,推行以招标承包为中心的经济责任制,实行基本建设投资监督管理、控制建设资金的合理使用、促进企业经济核算、改善预算工作等均有重大作用。

3. 消耗量定额的编制原则

消耗量定额的编制工作,实质上是一种标准的制定。在编制时应根据国家对经济建设的要求，贯彻勤俭建国的方针，坚持既要结合历年定额水平，也要照顾现实情况，还要考虑发展趋势，使消耗量定额符合客观实际。消耗量定额的编制应遵循三点原则。

（1）定额水平"平均合理"。在现有社会生产条件下，在平均劳动熟练程度和平均劳动强度下，完成建筑产品所需的劳动时间，是确定消耗量定额水平的主要依据。作为确定建筑产品价格的消耗量定额，应遵循价值规律的要求，按照产品生产中所消耗的社会必要劳动时间来确定其水平，即社会平均水平。对于采用新技术、新结构、新材料的定额项目，既要考虑提高劳动生产率水平的影响，也要考虑施工企业由此而多付出的生产消耗，做到合理可行。

消耗量定额的编制基础是基础定额，但两者是有区别的。消耗量定额包含着更多的可变因素，因此它需要保留合理的水平幅度差。另外，两者的确定原则是不相同的，消耗量定额是社会平均水平，而基础定额是平均先进水平。

（2）内容形式简明适用。消耗量定额的内容和形式，既能满足不同用途的需要，具有多方面的适用性；又要简单明了，易于掌握和应用。两者既有联系又有区别，简明性应满足适用性的要求。

贯彻简明适用原则，有利于简化预算的编制工作，简化建筑产品的计价程序，便于群众参加经营管理，便于经济核算。为此，定额项目的划分要以结构构件和分项工程为基础，主要的项目、常用的项目应齐全，要把已经成熟推广的新技术、新结构、新材料、新工艺的新项目编进定额，使消耗量定额满足预算、结算、清单报价和经济核算的需要。对次要项目，适当综合、扩大、细算粗编。

贯彻简明适用原则，还应注意计量单位的选择，使工程量计算合理和简化。同时为了稳定定额水平，统一考核尺度和简化工作，除了变化较多和影响造价较大的因素允许换算外，定额要尽量少留活口，减少换算工作量，同时又有利于维护定额的严肃性。

（3）"集中领导"和"分级管理"。集中领导就是由中央主管部门归口，根据国家方针政策和发展经济的要求，对消耗量定额统一制定编制原则和编制方法，统一编制和颁发全国统一基础定额，颁发统一的实施条例和制度等，使建筑产品具有统一的计价依据。

分级管理是在集中领导下，各地区可在管辖范围内，根据各自的特点，依据规定的编制原则，在全国统一基础定额的基础上，对地区性项目和尚未在全国普遍推行的新项目，可由地区主管部门组织编制补充定额，颁发补充性的条例制度，并对消耗量定额实行经常性管理。

4．消耗量定额的编制依据（见表1—3）

表1—3　　　　　　　　　消耗量定额的编制依据

序　号	编　制　依　据
1	现行的企业定额和全国统一建筑工程基础定额
2	现行的设计规范、施工和验收规范、质量评定标准、安全操作规程
3	通用标准图集和定型设计图样，有代表性的设计图样和图集
4	新技术、新结构、新材料和先进经验资料
5	有关科学试验、技术测定、统计分析资料，这是确定定额水平的重要依据
6	现行的人工工资水平、材料价格和施工机械台班单价
7	现行的消耗量定额及其编制的基础资料和有代表性的补充单位估价表

1.1.9　计价规范

随着我国建设市场的快速发展，招标投标制、合同制的逐步推行，以及加入世界贸易组织（WTO）与国际惯例接轨等要求，工程造价计价依据改革不断深化。为改革工程造价计价方法，推行工程量清单计价，目前最新相关规范为《建设工程工程量清单计价规范》（GB 50500—2013）（以下简称《计价规范》），于2013年7月1日正式实施。

1．实行工程量清单计价的目的和意义

（1）实行工程量清单计价，是工程造价深化改革的产物。长期以来，我国发包承包计价、定价以工程消耗量定额作为主要依据。为了适应建设市场改革的要求，针对工程消耗量定额编制和使用中存在的问题，1992年，提出了"控制量、指导价、竞争费"的改革措施，工程造价管理由静态管理模式逐步转变为动态管理模式。其中对工程消耗量定额改革的主要思路和原则是：将工程消耗量定额中的人工、材料、机械的消耗量和相应的单价分离，即"量价分离"。人、材、机的消耗量是国家根据有关规范、标准和社会的平均水平来确定的。控制量的目的就是保证工程质量。指导价就是要逐步走向市场形成价格，这一措施在我国实行社会主义市场经济初期起到了积极的作用。但随着建设市场化进程的发展，这种做法仍然难以改变工程消耗量定额国家指令性的状况，难以满足招标、投标和评标的要求。因为，控制量反映的是社会平均

消耗水平，不能准确地反映各个企业的实际消耗量，不能全面地体现企业技术装备水平、管理水平和劳动生产率，也不能充分体现市场公平竞争。工程量清单计价将改革以工程消耗量定额为计价依据的计价模式。

（2）实行工程量清单计价是规范建设市场秩序，适应社会主义市场经济发展的需要。工程造价是工程建设的核心内容，也是建设市场运行的核心内容。建设市场上存在许多不规范行为，大多与工程造价有关。过去的工程消耗量定额在工程发包与承包工程计价中调节双方利益、反映市场价格等方面显得滞后，特别是在公开、公平、公正竞争方面，缺乏合理完善的机制，甚至出现了一些漏洞。实现建设市场的良性发展，除了法律法规和行政监管以外，发挥市场规律中"竞争"和"价格"的作用是治本之策。工程量清单计价是市场形成工程造价的主要形式，工程量清单计价有利于发挥企业自主报价的能力。实现政府定价到市场定价的转变，有利于规范业主在招标中的行为，有效改变招标单位在招标中盲目压价的行为，从而真正体现公开、公平、公正的原则，反映市场经济规律。

（3）实行工程量清单计价，是促进建设市场有序竞争和企业健康发展的需要。采用工程量清单计价模式招标投标，由于工程量清单是招标文件的组成部分，招标单位必须编制出准确的工程量清单，并承担相应的风险，促进招标单位提高管理水平。由于工程量清单是公开的，可避免工程招标中的弄虚作假、暗箱操作等不规范行为。承包企业采用工程量清单报价，必须对单位工程成本、利润进行分析，统筹考虑，精心选择施工方案，并根据企业的定额合理确定人工、材料、施工机械等要素的投入与配置，优化组合，合理控制现场费用和施工技术措施费用，确定投标价，改变过去过分依赖国家发布定额的状况。企业可根据自身的条件编制出自己的企业定额。

工程量清单计价的实行，有利于规范建设市场计价行为，规范建设市场秩序，促进建设市场有序竞争；有利于控制建设项目投资，合理利用资源；有利于促进技术进步，提高劳动生产率；有利于提高造价工程师的素质，使其成为懂技术、懂经济、懂管理的全面发展的复合型人才。

（4）实行工程量清单计价，有利于我国工程造价管理政府职能的转变。按照政府部门真正履行"经济调节、市场监管、社会管理和公共服务"职能的要求，对工程造价政府管理的模式要相应改变。推行政府宏观调控、企业自主报价、市场竞争形成价格、社会全面监督的工程造价管理思路。实行工程量清单计价，将会有利于我国工程造价管理政府职能的转变，由过去政府控制的指令性定额转变为制定适应市场经济规律需要的工程量清单计价方法，由过去行政直接干预转变为对工程造价依法监管，有效地强化政府对工程造价的宏观调控。

（5）实行工程量清单计价是适应我国加入世界贸易组织，融入世界大市场的需要。随着我国改革开放的进一步加快，中国经济日益融入全球市场，特别是我国加入世界贸易组织（WTO）后，行业壁垒减少，建设市场将进一步对外开放。国外的企业和投资的项目越来越多地进入国内市场，我国企业走出国门在海外投资和经营的项目也在增加。为了适应这种对外开放建设市场的要求，就必须与国际通行的计价方法相适应，为建设市场主体创造一个与国际惯例接轨的市场竞争环境。工程量清单计价是国际通行的计价做法，在我国实行工程量清单计价，有利于提高国内建设各方主体参与国际化竞争的能力，有利于提高工程建设的管理水平。

2.《计价规范》编制的指导思想和原则

根据住建部令第 16 号《建筑工程施工发包与承包计价管理办法》，结合我国工程造价管理现状，参照国际上有关工程量清单计价通行的做法，在编制中遵循的指导思想是按照政府宏观调控、市场竞争形成价格的要求，创造公平、公正、公开竞争的环境，以建立全国统一的、有序的建筑市场，既要与国际惯例接轨，又要考虑我国的实际情况。

编制工作除了遵循上述指导思想外，主要坚持三点原则。

（1）政府宏观调控、企业自主报价、市场竞争形成价格的原则。按照政府宏观调控、市场竞争形成价格的指导思想，为规范发包方与承包方计价行为，确定了工程量清单计价的原则、方法和必须遵守的规则，包括统一项目编码、项目名称、计量单位、工程量计算规则等。留给企业自主报价，参与市场竞争的空间，将属于企业性质的施工方法、施工措施和人工、材料、机械的消耗量水平、取费等由企业来确定，给企业充分选择的权利，以促进生产力的发展。

（2）与现行消耗量定额既有机结合又有所区别的原则。《计价规范》在编制过程中，以现行的《全国统一工程消耗量定额》为基础，特别是项目划分、计量单位、工程量计算规则等方面，尽可能多地与定额衔接。其原因主要是消耗量定额是我国经过几十年实践的总结，这些内容具有一定的科学性和实用性。

与工程消耗量定额有所区别的主要原因是，消耗量定额是按照计划经济的要求制定、发布、贯彻、执行的，其中有许多不适应《计价规范》编制指导思想之处，有四点主要表现。

1）定额项目是国家规定以工序为划分项目的原则。

2）施工工艺、施工方法是根据大多数企业的施工方法综合取定的。

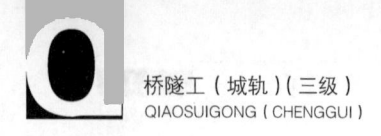

3) 人工、材料、机械消耗量是根据社会平均水平综合测定的。

4) 取费标准是根据不同地区平均测算的。因此企业报价时就会表现为平均主义，企业不能结合项目具体情况、自身技术管理水平自主报价，不能充分调动企业加强管理的积极性。

(3) 既考虑我国工程造价管理的现状，又尽可能与国际惯例接轨的原则。《计价规范》要根据我国当前工程建设市场发展的形势，逐步解决定额计价中与当前工程建设市场不适应的因素，适应我国社会主义市场经济发展的需要，适应与国际接轨的需要，积极稳妥地推行工程量清单计价。因此，在编制中，既借鉴了世界银行、菲迪克（FIDIC）、英联邦国家等的一些做法，同时也结合了我国现阶段的具体情况。如实体项目的设置方面，就结合了当前按专业设置的一些情况，有关名词尽量沿用国内习惯。

3.《计价规范》的主要内容

工程量清单计价方法，是建设工程招标投标中，招标人按照国家统一的工程量计算规则提供工程数量，由投标人依据工程量清单自主报价，并按照经评审的最低价中标法的工程造价计价方式。

(1) 工程量清单。工程量清单是表现拟建工程的分部分项工程项目、措施项目、其他项目名称和相应数量的明细清单。由招标人按照《计价规范》附录中统一的项目编码、项目名称、计量单位和工程量计算规则进行编制，包括分部分项工程量清单、措施项目清单和其他项目清单。

(2) 工程量清单计价。工程量清单计价，是指投标人完成由招标人提供的工程量清单所需的全部费用，包括分部分项工程费、措施项目费、其他项目费和规费、税金。

(3) 工程量清单计价采用综合单价计价。综合单价是指完成规定计量单位项目所需的人工费、材料费、机械使用费、管理费、利润，并考虑风险因素。

《计价规范》包括正文和附录两大部分，两者具有同等效力。《计价规范》的正文共五章，包括总则、术语、工程量清单编制、工程量清单计价、工程量清单及其计价格式等内容，分别就《计价规范》的适用范围、遵循的原则、编制工程量清单应遵循的规则、工程量清单计价活动的规则、工程量清单及其计价格式做了明确规定。

《计划规范》的附录包括：建筑工程工程量清单项目及计算规则、装饰装修工程工程量清单项目及计算规则、安装工程工程量清单项目及计算规则、市政工程工程量清单项目及计算规则和园林绿化工程工程量清单项目及计算规则。附录中包括项目编码、项目名称、项目特征、计量单位、工程量计算规则和工程内容,其中项目编码、项目名称、计量单位、工程量计算规则作为统一项目编码、统一项目名称、统一计量单位、统一工程量计算规则"四统一"的内容,要求招标人在编制工程量清单时必须执行。

4. 《计价规范》的特点

(1) 强制性。强制性主要表现在如下两方面:一是由建设主管部门按照强制性国家标准的要求批准颁布,规定全部使用国有资金,或国有资金投资为主的大中型建设工程,应按《计价规范》规定执行;二是明确工程量清单是招标文件的组成部分,并规定了招标人在编制工程量清单时,必须遵守的规则,做到"四统一"。

(2) 实用性。附录中工程量清单项目及计算规则的项目名称,表现的是工程实体项目,项目名称明确清晰,工程量计算规则简洁明了,特别还列有项目特征和工程内容。方便编制工程量清单时确定具体项目名称和投标报价。

(3) 竞争性。竞争性主要表现在两个方面:一是《计价规范》中的措施项目,在工程量清单中只列"措施项目"一栏,具体采用什么措施,如模板、脚手架、临时设施、施工排水等详细内容由投标人根据企业的施工组织设计,视具体情况报价。因为这些项目在各个企业间各有不同,是企业竞争项目,是留给企业竞争的空间。二是《计价规范》中人工、材料和施工机械没有具体的消耗量,投标企业可以依据企业的定额和市场价格信息,也可以参照建设行政主管部门发布的社会平均消耗量定额进行报价。《计价规范》将报价权交给了企业。

(4) 通用性。采用工程量清单计价将与国际惯例接轨,符合工程量计算方法标准化、工程量计算规则统一化、工程造价确定市场化的要求。

1.1.10 建筑工程费用项目构成和计算方法

建筑工程费由直接费、间接费、利润和税金组成。建筑工程费用项目(适用于定额计价)组成如图1—2所示。

1. 直接费

直接费是指在工程施工过程中,直接耗费的构成工程实体和有助于工程形成的各项费用。直接费由直接工程费和措施费组成。

(1) 直接工程费。直接工程费是指施工过程中耗费的构成工程实体的各项费用,包括人工费、材料费、施工机械使用费。

直接工程费 = 人工费 + 材料费 + 施工机械使用费

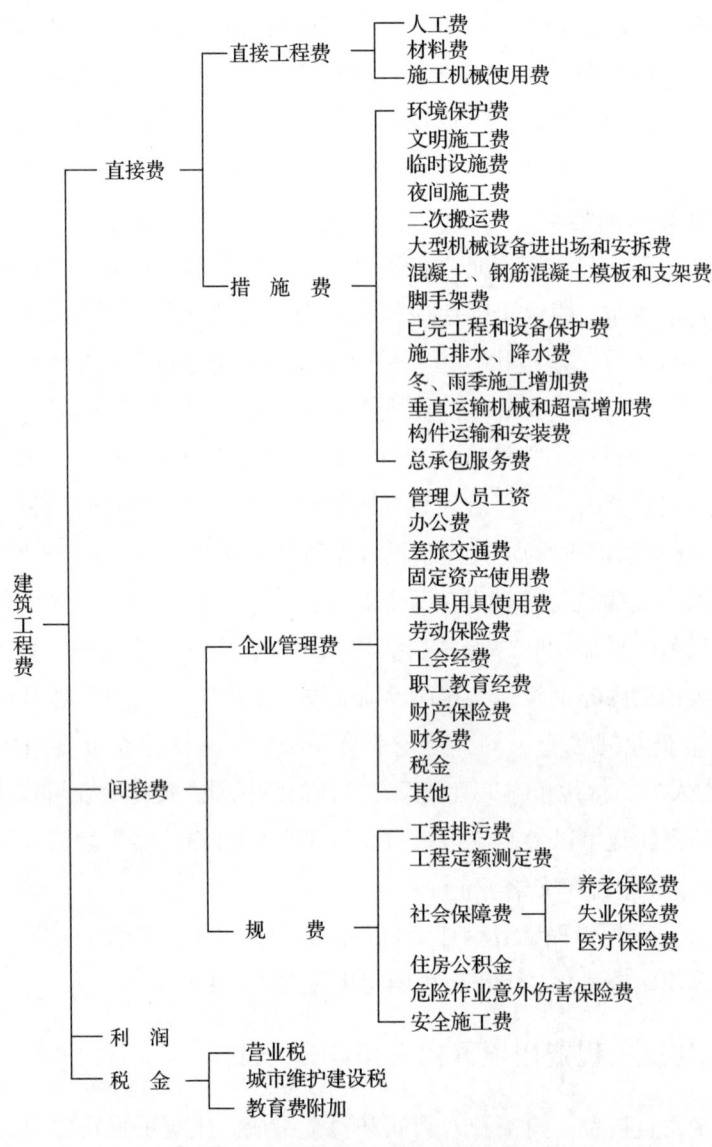

图1—2 建筑工程费用项目组成

1）人工费。人工费是指直接从事建筑安装工程施工的生产工人开支的各项费用。其内容包括基本工资、工资性津贴、生产工人辅助工资、职工福利费、生产工人劳动保护费。

$$人工费 = \sum（工日消耗量 \times 日工资单价）$$

2）材料费。材料费是指施工过程中耗费的构成工程实体的原材料、辅助材料、构配件、零件、半成品的费用，以及材料、构配件的检验试验费用。其内容包括材料原价（或供应价格）、材料运杂费、采购和保管费、检验试验费。

$$材料费 = \Sigma\ (材料消耗量 \times 材料基价)$$

3)施工机械使用费。施工机械使用费是指施工机械作业所发生的机械使用费,以及机械安拆费和场外运输费。其内容包括折旧费、大修理费、经常修理费、安拆费和场外运输费、机上人工费、燃料动力费、养路费和车船使用税。

$$施工机械使用费 = \Sigma\ (施工机械台班消耗量 \times 机械台班单价)$$

(2)措施费。措施费是指为完成工程项目施工,发生于该工程施工前和施工过程中,非工程实体项目的措施费用。内容包括环境保护费、文明施工费、临时设施费等14项。

1)环境保护费。环境保护费是指施工现场为达到环保部门要求所需要的各项费用。环境保护费内容见表1—4。

表1—4　　　　　　　　环境保护费

序　号	内　　容
1	材料、构件、料具等堆放时,悬挂有名称、品种、规格等标牌
2	水泥和其他易飞扬细颗粒建筑材料,应密闭存放或采取覆盖等措施
3	易燃、易爆和有毒有害物品分类存放
4	施工现场应设置密闭式垃圾站,施工垃圾、生活垃圾应分类存放。施工垃圾必须采用相应容器或管道运输
5	环保部门要求所需的其他保护费用

$$环境保护费 = 直接工程费(或其中人工费) \times 环境保护费费率$$
$$环境保护费费率 = 本项费用年度平均支出 / [全年建安产值 \times$$
$$直接工程费(或其中人工费)占总造价的比例]$$

2)文明施工费。文明施工费是指施工现场文明施工所需要的各项费用。文明施工费内容见表1—5。

表1—5　　　　　　　　文明施工费

序　号	内　　容
1	施工现场围挡。现场采用封闭围挡,高度不小于1.8 m;围挡材料可采用彩色钢板、定型钢板、砖、混凝土砌块等墙体
2	在进门处悬挂工程概况、管理人员名单和监督电话、安全生产、文明施工、消防保卫五板,以及施工现场总平面图等
3	现场出入的大门,应设有本企业标识
4	场容场貌要求,道路畅通,排水沟、排水设施通畅,工地地面硬化处理,绿化等
5	宣传栏等其他有特殊要求的文明施工做法

文明施工费=直接工程费（或其中人工费）×文明施工费费率

文明施工费费率=本项费用年度平均支出/［全年建安产值×直接工程费（或其中人工费）占总造价的比例］

3）临时设施费。临时设施费是指施工企业为进行建筑工程施工所必须搭设的生活和生产用的临时建筑物、构筑物和其他临时设施费用等。

临时设施包括：临时宿舍，文化福利、公用事业房屋与构筑物，仓库，办公室，加工厂，以及规定范围内道路、水、电、管线等临时设施和小型临时设施。水、电、道路供至单项工程中心50 m半径范围内，并设水电表。不能按要求提供的，另行单独计算费用。

现场办公生活设施的具体要求见表1—6。

表1—6　　　　　　　　现场办公生活设施具体要求

序　号	要　　　求
1	施工现场办公、生活区与作业区分开设置，保持安全距离
2	工地办公室、现场宿舍、食堂、厕所、饮水、休息场所符合卫生和安全要求
3	按照TN—S系统要求配备五芯电缆、四芯电缆和三芯电缆；按要求架设临时用电线路的电杆、横担、瓷夹、瓷瓶等，或电缆埋地的地沟；对靠近施工现场的外电线路，设置采用木质、塑料等绝缘材料的防护设施
4	按三级配电要求，配备总配电箱、分配电箱、开关箱三类标准电箱。开关箱应符合"一机、一箱、一闸、一漏"。三类电箱中的各类电器应是合格品，按两级保护的要求，选取符合容量要求和质量合格的总配电箱和开关箱中的漏电保护器。施工现场保护零线的重复接地应不少于三处
5	施工现场生活用水和施工用水符合使用要求

临时设施费用通过周转使用临建费、一次性使用临建费和其他临时设施所占比例计算得出。

临时设施费=（周转使用临建费+一次性使用临建费）×
(1+其他临时设施所占比例)

周转使用临建费=$\sum$［临建面积×每米^{2}造价/（使用年限×365×利用率）×工期（天）］+一次性拆除费

一次性使用临建费=$\sum$临建面积×每米^{2}造价×（1-残值率）+一次性拆除费

其他临时设施所占比例＝其他临时设施费／（周转使用临建费＋

一次性使用临建费）或临时设施费＝直接工程费

（或其中人工费）×临时设施费费率

临时设施费费率＝本项费用年度平均支出／[全年建安产值×

直接工程费（或其中人工费）占总造价的比例]

4）夜间施工费。夜间施工费是指因夜间施工所发生的夜班补助费、夜间施工降效、夜间施工照明设备摊销和照明用电等费用。

夜间施工费＝(1－合同工期／定额工期)×（直接工程费中的人工费合计／

平均日工资单价）×每工日夜间施工费开支

5）二次搬运费。二次搬运费是指因施工场地狭小等特殊情况，而发生的二次搬运费用。若确因场地狭窄，按经过批准的施工组织设计，必须在施工现场之外存放材料或必须在施工现场采用立体架构形式存放材料时，其由场外至场内的运输费用或立体架构所发生的搭设费用，按实计算。

二次搬运费＝直接工程费（或其中人工费）×二次搬运费费率

二次搬运费费率＝年平均二次搬运费开支额／[全年建安产值×

直接工程费（或其中人工费）占总造价的比例]

6）大型机械设备进出场和安拆费。大型机械设备进出场和安拆费，是指机械整体或分体，自停放场地运至施工现场，或由一个施工地点运至另一个施工地点，所发生的机械进出场运输转移费用和机械在施工现场进行安装、拆卸所需的人工费、材料费、机械费、试运转费和安装所需的辅助设施的费用。

大型机械设备进出场及安拆费＝一次进出场和安拆费×年平均安拆次数／年工作台班

7）混凝土、钢筋混凝土模板和支架费。混凝土、钢筋混凝土模板和支架费，是指混凝土施工过程中需要的各种钢模板、木模板、支架等的支、拆、运输费用，以及模板、支架的摊销（或租赁）费用。

模板和支架费＝模板摊销量×模板价格＋支、拆、运输费

摊销量＝一次使用量×（1＋施工损耗）[1＋（周转次数－1）×

补损率－（1－补损率）×50%]／周转次数

租赁费＝模板使用量×使用日期×租赁价格＋支、拆、运输费

8）脚手架费。脚手架费是指施工需要的各种脚手架搭、拆、运输费用和脚手架的摊销（或租赁）费用。

脚手架搭拆费＝脚手架摊销量×脚手架价格＋搭、拆、运输费

脚手架摊销量 = ［单位一次使用量 × （1 − 残值率）/耐用期］ × 一次使用期

租赁费 = 脚手架每日租金 × 搭设周期 + 搭、拆、运输费

9）已完工程和设备保护费。已完工程和设备保护费，是指竣工验收前，对已完工程和设备进行保护所需的费用。

已完工程和设备保护费 = 成品保护所需机械费 + 材料费 + 人工费

10）施工排水、降水费。施工排水、降水费是指为确保工程在正常条件下施工，采取各种排水、降水措施降低地下水位所发生的各种费用。

排水降水费 = $\sum$（排水降水机械台班费 × 排水降水周期）

11）冬、雨季施工增加费。冬、雨季施工增加费，是指在冬、雨季施工期间，为保证工程质量，采取保温、防护措施所增加的费用，以及因工效和机械作业效率降低所增加的费用。

冬季施工增加费 = 拟建工程合同工期内冬季施工采取保温措施所需的人工费 + 材料费 +

人工降效费 + 施工机械降效费 + 施工规范规定的技术措施费

雨季施工增加费 = 拟建工程合同工期内雨季施工采取防护和排水措施所需的人工费 +

材料费 + 人工降效费 + 施工机械降效费

冬雨季施工增加费 = 冬季施工增加费 + 雨季施工增加费成直接工程费

（或其中人工费） × 冬雨季施工增加费费率

冬雨季施工增加费费率 = 本项费用年度平均支出 / ［全年建安产值 ×

直接工程费（或其中人工费）占总造价的比例］

12）垂直运输机械和超高增加费。垂直运输机械和超高增加费，是指工程施工需要的垂直运输机械使用费和建筑物高度超过 20 m 时，人工、机械降效等所增加的费用。

垂直运输机械费 = 机械消耗数量 × 机械台班单价

超高增加费 = 人工降效 + 机械降效

人工降效 = 建筑物 ±0.00 m 以上全部人工消耗数量 × 降效系数 × 人工单价

机械降效 = 建筑物 ±0.00 m 以上全部机械（除垂直运输机械所含机械）

消耗数量 × 降效系数 × 相应机械台班单价

13）构件运输和安装费。构件运输和安装费，是指混凝土、金属构件、门窗等自堆放地或构件加工厂至施工吊装点的运输费用，以及混凝土、金属构件的吊装费用。

构件运输费 = 构件装卸费 + 构件运输材料费 + 运输机械消耗数量 × 机械台班单价

构件安装费 = 构件安装人工费 + 构件安装材料费 + 构件安装机械消耗数量 ×

机械台班单价 + 构件制作费（或成品构件费）+ 构件灌缝费

14）总承包服务费。总承包服务费是指为配合、协调招标人进行的工程分包和材料采购所需的费用。

总承包服务费按相应规定计取。

2．间接费

间接费是指建筑安装企业，组织施工生产和经营管理的费用，以及政府和有关权力部门规定必须缴纳费用的总称。间接费由企业管理费和规费组成。

（1）企业管理费。企业管理费是指建筑安装企业，组织施工生产和经营管理所需费用。企业管理费包括的内容见表1—7。

表1—7　　　　　　　　　　　企业管理费

名　称	内　容
管理人员工资	管理人员工资是指管理人员的基本工资、工资性补贴、职工福利费、劳动保护费等
办公费	办公费是指企业办公用的文具、纸张、账表、印刷、邮电、书报、会议、水电、烧水和集体取暖（包括现场临时宿舍取暖）用煤等费用
差旅交通费	差旅交通费是指职工因公出差、调动工作的差旅费、住勤补助费，市内交通费和误餐补助费，职工探亲路费，劳动力招募费，职工离退休、退职一次性路费，工伤人员就医路费，工地转移费和管理部门使用的交通工具油料、燃料、养路费和牌照费等
固定资产使用费	固定资产使用费，是指管理和试验部门和附属生产单位使用的属于固定资产的房屋、设备仪器等的折旧、大修、维修或租赁费
工具用具使用费	工具用具使用费，是指管理部门使用的不属于固定资产的工具、器具、家具、交通工具和检验、试验、测绘、消防用具等的购置、维修和摊销费
劳动保险费	劳动保险费，是指由企业支付离退休职工的易地安家补助费、职工退职金、六个月以上的病假人员工资、职工死亡丧葬补助费、抚恤费、按规定支付给离休干部的各项经费
工会经费	工会经费是指企业按职工工资总额计提的工会经费
职工教育经费	职工教育经费，是指企业为职工学习先进技术和提高文化水平，按职工工资总额计提的费用
财产保险费	财产保险费是指施工管理用财产、车辆保险
财务费	财务费是指企业为筹集资金而发生的各种费用
税金	税金是指企业按规定缴纳的房产税、车船使用税、土地使用税、印花税等
其他	其他包括技术转让费、技术开发费、业务招待费、绿化费、广告费、公证费、法律顾问费、审计费、咨询费等

企业管理费 =（直接工程费 + 措施费）×企业管理费费率

根据不同的计算基础,企业管理费费率有三种不同的计算公式。

1）以直接费为计算基础。企业管理费费率 =［生产工人年平均管理费/（年有效施工天数×人工单价）］×人工费占直接费比率

2）以人工费和机械费合计为计算基础。企业管理费费率 = 生产工人年平均管理费/［年有效施工天数×（人工单价 + 每日机械使用费）］

3）以人工费为计算基础。企业管理费费率 = 生产工人年平均管理费/（年有效施工天数×人工单价）

(2) 规费。规费是指政府和有关权力部门规定必须缴纳的费用。规费包括下述内容。

1）工程排污费。工程排污费是指施工现场按规定缴纳的工程排污费。

2）工程定额测定费。工程定额测定费是指按规定缴纳工程造价（定额）管理部门的定额测定费。

3）社会保障费

①养老保障金是指企业按相关文件的规定标准为职工缴纳的养老保障金。

②失业保险费是指企业按照国家规定标准为职工缴纳的失业保险费。

③医疗保险费是指企业按照规定标准为职工缴纳的基本医疗保险费。

4）住房公积金。住房公积金是指企业按规定标准为职工缴纳的住房公积金。

5）危险作业意外伤害保险。危险作业意外伤害保险是指按照建筑法规定,企业为从事危险作业的建筑安装施工人员支付的意外伤害保险费。

6）安全施工费。安全施工费是指按《建设工程安全生产管理条例》（国务院令第393号）规定,为保证施工现场安全施工所必需的各项费用。

安全施工费内容包括接料平台、上下脚手架人行通道（斜道）、一般防护、防护围栏、消防安全防护、临边洞口交叉高处作业防护、安全警示标志牌及其他必要的安全措施。施工安全措施见表1—8。

表1—8　　　　　　　　施工安全措施

名　称	安　全　措　施
接料平台	脚手架横向外侧1~2m处的部位,从底部随脚手架同步搭设,包括架杆、扣件、脚手架、拉结短管、基础垫板和钢底座;在脚手架横向1~2m处的部位,在建筑物层间地板处用两根型钢外挑,形成外挑平台,包括两根型钢、预埋件、斜拉钢丝绳、平台底座垫板、平台进（出）料口门和周边两道水平栏杆

续表

名　称	安　全　措　施
上下脚手架人行通道（斜道）	多层建筑施工随脚手架搭设的上下脚手架的斜道，一般为"之"字形
一般防护	包含安全网（水平网、密目式立网）、安全帽、安全带
通道棚	包括杆架、扣件、脚手板
防护围栏	建筑物作业周边防护栏杆，施工电梯和物料提升机吊篮升降处防护栏杆，配电箱和固位使用的施工机械周边围栏、防护棚、基坑周边防护栏杆和上下人斜道防护栏杆
消防安全防护	包括灭火器、沙箱、消防水桶、消防铁锹（钩）、高层建筑物安装消防水管（钢管、软管）、加压泵等
楼板、屋面、阳台等临边防护	用密目式安全立网全封闭，作业层另加两边防护栏杆和18 cm高的踢脚板
通道口防护	设防护棚，防护棚应为不小于5 cm厚的木板或两道相距50 cm的竹笆。两侧应沿栏杆架，用密目式安全网封闭
预留洞口防护	用木板全封闭；短边超过1.5 m长的洞口，除封闭外四周还应设有防护栏杆
电梯井口防护	设置定型化、工具化、标准化的防护门；在电梯井内每隔两层（不大于10 mm）设置一道安全平网
楼梯边防护	设1.2 m高的定型化、工具化、标准化的防护栏杆，18 cm高的踢脚板
垂直方向交叉作业	设置防护隔离棚或其他设施
高空作业防护	有悬挂安全带的悬索或其他设施；有操作平台；有上下的梯子或其他形式的通道
安全警示标志牌	危险部位悬挂安全警示牌、各类建筑材料和废弃物堆放标志牌
其他必要的安全措施	包括各种应急救援预案的编制、培训和有关器材的配置、检修

规费＝（直接费＋企业管理费＋利润）×规费费率

规费费率应根据本地区典型工程发包承包价的分析资料综合取定。规费计算中所需的数据有：每万元发包承包价中人工费含量和机械费含量；人工费占直接费的比例；每万元发包承包价中所含规费缴纳标准的各项基数。

根据不同的计算基础，规费费率有三种不同的计算公式：以直接费为计算基础，规费费率＝∑（规费缴纳标准×每万元发包承包价计算基数/每万元发包承包价中的人工费含量）×人工费占直接费的比例；以人工费和机械费合计为计算基础，规费费率＝∑（规费缴纳标准×每万元发包承包价计算基数/每万元发包承包价中的人工费含量和机械费含量）；以人工费为计算基础，规费费率＝∑（规费缴纳标准×每万元发包承包价计算基数/每万元发包承包价中的人工费含量）

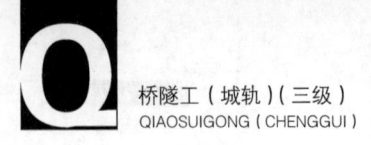

3. 利润

利润是指施工企业完成所承包工程获得的盈利。费用定额规定的利润率是按拟建单位工程类别确定的，即按其建筑性质、规模大小、施工难易程度等因素实施差别利率。建筑企业可依据本企业经营管理水平和建筑市场供求情况，自行确定本企业的利润水平。

$$利润 =（直接工程费 + 措施费）\times 利润率$$

$$利润率 = 典型工程利润／（典型工程直接工程费 + 措施费）$$

4. 税金

税金是指国家税法规定的应计入建筑工程造价内的营业税、城市维护建设税及教育费附加（简称"两税一费"）。国家为了集中必要的资金，保证重点建设，加强基本建设管理，控制固定资产投资规模，对各施工企业承包工程的收入征收营业税，对承建工程单位征收城市维护建设税和教育费附加。该费用由工程承包人代收，并按规定及时足额交给工程所在地的税务部门。

$$税金 = 税前造价（含利润）\times 税率$$

1.2 施工图基础知识

学习目标

- ✓ 了解工程施工图的基础知识
- ✓ 掌握三视图的表示方法
- ✓ 掌握各种图样的看图方式

知识要求

1.2.1 建筑施工图

1. 施工图概括

建筑施工图首页图是建筑施工图的第一张图样，主要内容包括图样目录、设计总说明、工程做法表和门窗表。

（1）图样目录。图样目录说明工程由哪几类专业图样组成，各专业图样的名称、张数和顺序，以便查阅图样。

(2) 设计总说明。设计总说明是对图样中无法表达清楚的内容用文字加以详细说明,其主要内容有建设工程概况、建筑设计依据、所选用的标准图集的代号、建筑装修和构造的要求,以及设计人员对施工单位的要求。

(3) 工程做法表。工程做法表主要是对建筑各部位构造做法用表格的形式加以详细说明。在表中对各施工部位的名称、做法等详细表达清楚,如采用标准图集中的做法,应注明所采用标准图集的代号和做法编号,如有改变,在备注中说明。

(4) 门窗表。门窗表是对建筑物上所有不同类型的门窗统计后列成的表格,以备施工、预算需要。在门窗表中应反映门窗的类型、大小、所选用的标准图集及其类型编号,如有特殊要求,应在备注中加以说明。

2. 建筑总平面图

将新建工程四周一定范围内的新建、拟建、原有和拆除的建筑物、构筑物连同其周围的地形、地物状况用水平投影方法和相应的图例所画出的工程图样,即为总平面图。主要是表示新建房屋的位置、朝向、与原有建筑物的关系,以及周围道路、绿化和给水、排水、供电条件等方面的情况。总平面图中一般应表示六项内容。

(1) 新建建筑物所处的地形。如地形变化较大,应画出相应的等高线。

(2) 新建建筑物的位置,总平面图中应详细地绘出其定位方式。

(3) 相邻原有建筑物、拆除建筑物的位置或范围。

(4) 附近的地形、地物等,如道路、河流、水沟、池塘、土坡等。应注明道路的起点、变坡、转折点、终点,以及道路中心线的标高、坡向等。

(5) 指北针或风向频率玫瑰图。在总平面图中通常画有带指北针的风向频率玫瑰图(风玫瑰),用来表示该地区常年的风向频率和房屋的朝向。

(6) 绿化规划和管道布置。因总平面图所反映的范围较大,常用的比例为1:500、1:1 000、1:2 000、1:5 000等。

1.2.2 建筑平面图

建筑平面图是用一个假想的水平剖切平面沿略高于窗台的位置剖切房屋,移去上面部分,剩余部分向水平面做正投影,所得的水平剖面图,简称平面图。建筑平面图反映新建建筑的平面形状、房间的位置、大小、相互关系、墙体的位置、厚度、材料、柱的截面形状与尺寸大小、门窗的位置和类型。建筑平面图是施工时放线、砌墙、安装门窗、室内外装修和编制工程预算的重要依据,是建筑施工中的重要图样。

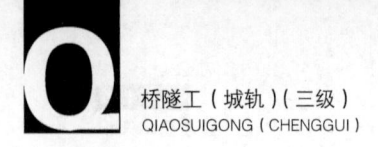

一般情况下，房屋有几层，就应画几个平面图，并在图的下方注写相应的图名。多层建筑的平面图一般由底层平面图、标准层平面图、顶层平面图、屋顶平面图组成。

建筑平面图常用的比例是 1∶50、1∶100 或 1∶200，其中 1∶100 使用最多。

1. 建筑平面图的图示内容（见表1—9）

表1—9　　　　　　　　　　建筑平面图的图示内容

序号	内容
1	表示所有轴线及其编号，以及墙、柱、墩的位置、尺寸
2	表示出所有房间的名称及其门窗的位置、编号与大小
3	注出室内外的有关尺寸和室内楼地面的标高
4	表示电梯、楼梯的位置、楼梯上下行方向和主要尺寸
5	表示阳台、雨篷、台阶、斜坡、烟道、通风道、管井、消防梯、雨水管
6	散水、排水沟、花池等位置和尺寸
7	画出室内设备，如卫生器具、水池、工作台、隔断以及重要设备的位置、形状
8	表示地下室、地坑、地沟、墙上预留洞、高窗等位置尺寸
9	在底层平面图上还应该画出剖面图的剖切符号和编号
10	标注有关部位的详图索引符号
11	底层平面图左下方或右下方画出指北针
12	屋顶平面图上一般应表示出：女儿墙、檐沟、屋面坡度、分水线与雨水口、变形缝、楼梯间、水箱间、天窗、上人孔、消防梯及其他构筑物、索引符号等

2. 建筑平面图的识读

（1）底层平面图的识读。下面以某住宅楼底层平面图为例说明平面图的读图方法，如图1—3所示。

1）了解平面图的图名、比例。从图中可知该图为底层平面图，比例1∶100。

2）了解建筑的朝向。从指北针得知该住宅楼是坐北朝南的方向。

3）了解建筑的平面布置。该住宅楼纵向定位轴线13根，横向定位轴线6根，共有两个单元，每单元两户，其户型相同，每户住宅有南、北两个卧室，一个客厅（阳面）、一间厨房、一个卫生间、一个阳台（凹阳台），楼梯间有两个管道井。Ⓐ轴线外

第1章
生产管理基础知识

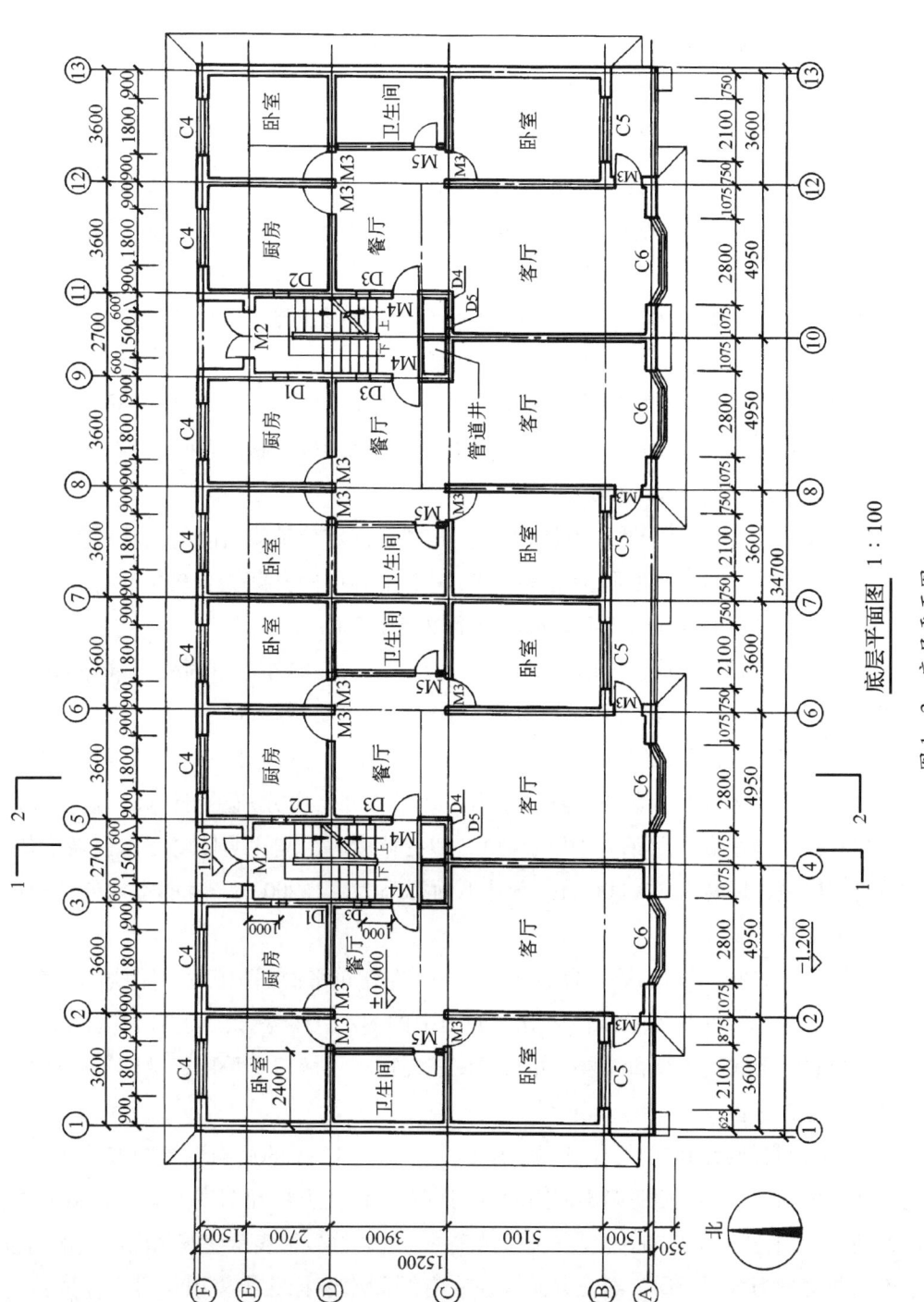

图1—3 底层平面图

面 750 mm×350 mm 的小方格表示室外空调机的搁板。

4)了解建筑平面图上的尺寸。建筑平面图上标注的尺寸均为未经装饰的结构断面尺寸。建筑平面图上的尺寸分为内部尺寸和外部尺寸。

内部尺寸：说明房间的净空大小和室内的门窗洞、孔洞、墙厚和固定设备（如卫生间、盥洗室等）的大小位置。如图中 D1、D2（洞1、洞2）距离Ⓔ轴线为 1 000 mm，D3（洞3）距离门边为 1 000 mm，卫生间隔墙距离①轴线 2 400 mm，这些都是定位尺寸。

外部尺寸：为了便于施工读图，平面图下方和左侧应注写三道尺寸，如有不同时，其他方向也应标注。这三道尺寸从里向外分别是：

第一道尺寸：表示建筑物外墙门窗洞口等各细部位置的大小和定位尺寸。如Ⓐ轴线墙上 C6 的洞宽是 2 800 mm，Ⓑ轴线上 C5 的洞宽是 2 100 mm，而两个 C6 洞间的距离为（1 075+1 075）mm=2 150 mm。

第二道尺寸：表示定位轴线之间的尺寸。相邻横向定位轴线之间的尺寸称为开间，相邻纵向定位轴线之间的尺寸称为进深。图1—3 中客厅的开间为 4 950 mm，进深为 5 100 mm，阳面卧室的开间为 3 600 mm，进深为 5 100 mm。

第三道尺寸：表示建筑物外墙轮廓的总尺寸，是从一端外墙边到另一端外墙边的总长和总宽，如图1—3 中建筑总长是 34 700 mm，总宽 15 200 mm。

5)了解建筑中各组成部分的标高情况。在平面图中，对于建筑物各组成部分，如地面、楼面、楼梯平台面、室外台阶面、阳台地面等处，应分别注明标高，这些标高均采用相对标高（小数点后保留 3 位小数），如有坡度时，应注明坡度方向和坡度值，该建筑物室内地面标高为 ±0.000 m，室外地面标高为 −1.200 m，表明室内外地面的高度差值为 1.200 m。

6)了解门窗的位置和编号。为了便于读图，在建筑平面图中门采用代号 M 表示，窗采用代号 C 表示，并加编号以便区分。如图中的 M2、C4 等。在读图时应注意每类型门窗的位置、形式、大小和编号，并与门窗表对应，了解门窗采用标准图集的代号、门窗型号和是否有备注。

7)了解建筑剖面图的剖切位置、索引标志。在图1—3 的适当位置画有建筑剖面图的剖切位置和编号，以便明确剖面图的剖切位置、剖切方法和剖视方向。如图中④、⑤轴线间的1—1 剖切符号和⑤、⑥轴线间的2—2 剖切符号，表示建筑剖面图的剖切位置，剖面图类型为全剖面图，剖视方向向左。有时图中还标注出索引符号，注明该部位所采用的标准图集的代号、页码和图号，以便施工人员查阅标准图集，方便施工。

8) 了解各专业设备的布置情况。建筑物内的设备（如卫生间的便池、盥洗池位置等），读图时注意其位置、形式和相应尺寸。

(2) 标准层平面图和顶层平面图的识读。标准层平面图和顶层平面图的形成与底层平面图的形成相同。为了简化作图，已在底层平面图上表示过的内容，在标准层平面图和顶层平面图上不再表示，如不再画散水、明沟、室外台阶等；顶层平面图上不再画二层平面图上表示过的雨篷等。

(3) 屋顶平面图的识读。屋顶平面图主要反映屋面上天窗、水箱、铁爬梯、通风道、女儿墙、变形缝等的位置和采用标准图集的代号、屋面排水分区、排水方向、坡度、雨水口的位置、尺寸等内容。如图1—4所示，该屋顶为有组织的四坡挑檐排水形式，屋面排水坡度为2%，中间有分水线，水从屋面向檐沟汇集，檐沟排水坡度为1%，雨水管设在Ⓐ、Ⓕ轴线墙上①、⑦、⑬轴线处，构造做法采用标准图集98J5第10、14页Ⓐ、①、④、⑤号图的做法。人孔距Ⓒ轴线2 050 mm，人孔尺寸为700 mm × 600 mm，采用98J5标准图集第22页①号图的构造做法。

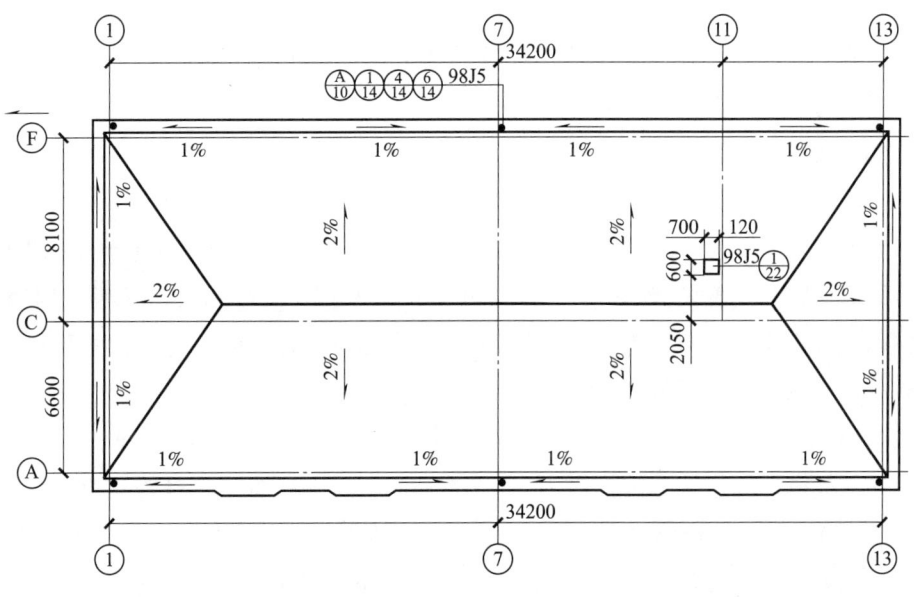

图1—4　屋顶平面图

1.2.3　建筑立面图

在与建筑立面平行的垂直投影面上所作的正投影图称为建筑立面图，简称立面图。一幢建筑物是否美观，是否与周围环境协调，很大程度上取决于建筑物立面上的艺术处理，包括建筑造型与尺度、装饰材料的选用、色彩的选用等内容，在施工图中立面图主要反映房屋各部位的高度、外貌和装修要求，是建筑外装修的主要依据。

由于每幢建筑的立面至少有三个，每个立面都应有自己的名称。立面图的命名方式有三种：用朝向命名，如南立面图、北立面图等；按外貌特征命名，如背立面图、左立面图和右立面图；用建筑平面图中的首尾轴线命名，如①～⑦立面图、⑦～①立面图等。每套施工图只能采用其中的一种方式命名。

1．建筑立面图的图示内容

（1）画出从建筑物外可以看见的室外地面线，房屋的勒脚、台阶、花池、门、窗、雨篷、阳台、室外楼梯、墙体外边线、檐口、屋顶、雨水管、墙面分格线等内容。

（2）注出建筑物立面上的主要标高。如室外地面的标高、台阶表面的标高、各层门窗洞口的标高、阳台、雨篷、女儿墙顶、屋顶水箱间及楼梯间屋顶的标高。

（3）注出建筑物两端的定位轴线及其编号。

（4）注出需要详图表示的索引符号。

（5）用文字说明外墙面装修的材料及其做法。如立面图局部需画详图时应标注详图的索引符号。

2．立面图的识读

下面以图1—5所示某住宅楼正立面图为例说明立面图的读图方法。

（1）从正立面图上了解该建筑的外貌形状，并与平面图对照深入了解屋面、雨篷、台阶等细部形状和位置。从图中可知，该住宅楼为6层，客厅窗为外飘窗，窗下墙呈"八"字形，相邻两户客厅的窗下墙之间装有空调室外机的搁板，每两卧室窗上方也装有室外空调机搁板。屋面为平屋面。

（2）从立面图上了解建筑的高度。从图中看到，在立面图的左侧和右侧都注有标高，从左侧标高可知室外地面标高为 －1.200 m。一层客厅窗台标高为0.300 m，窗顶标高为2.700 m，表示窗洞高度为2.4 m。二层客厅窗台标高为3.300 m，窗顶标高为5.700 m，表示二层的窗洞高度为2.4 m。从右侧标高可知地下室窗台标高为 －0.700 m，窗顶标高为 －0.300 m，可知地下室窗高0.4 m。一层卧室窗台标高为0.900 m，窗顶标高为2.700 m，可知卧室窗高1.8 m。以上各层相同，屋顶标高18.500 m，表示该建筑的总高为（18.5＋1.2）m ＝19.7 m。

（3）了解建筑物的装修做法。从图1—5中可知建筑以绿色干粘石为主，只在飘窗下和空调机搁板处刷白色涂料。

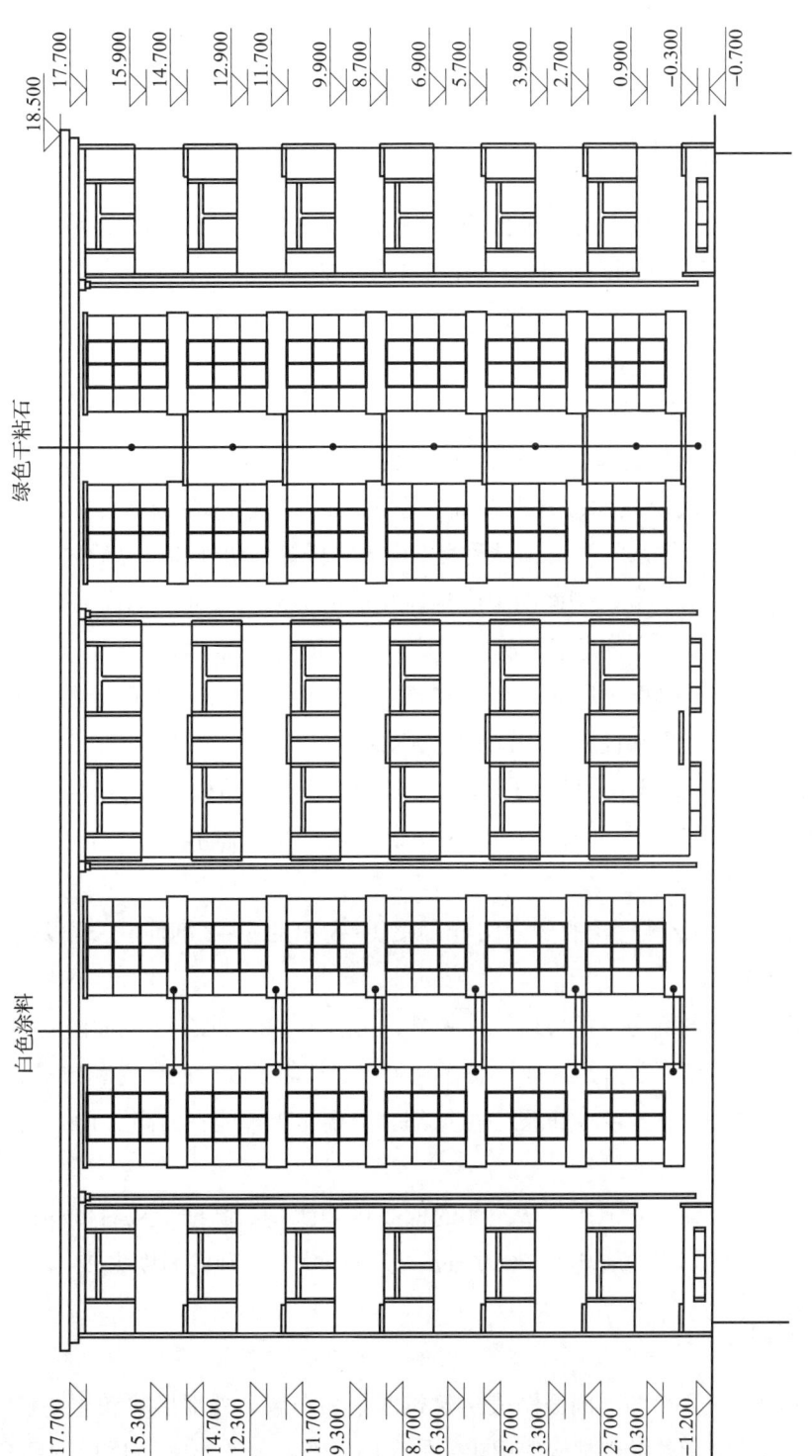

图1—5 某住宅楼正面图

(4)建立建筑物的整体形状。读了平面图和立面图,应建立该住宅楼的整体形状,包括形状、高度、装修的颜色、质地等。

1.2.4 建筑剖面图

假想用一个或一个以上的铅垂剖切平面剖切建筑物,得到的剖面图称为建筑剖面图,简称剖面图。建筑剖面图用以表示建筑内部的结构构造,垂直方向的分层情况、各层楼地面、屋顶的构造,以及相关尺寸、标高等。剖面图的图名应与建筑底层平面图的剖切符号一致。

1. 剖面图的图示内容

(1)表示被剖切到的墙、梁及其定位轴线。

(2)表示室内底层地面、各层楼面、屋顶、门窗、楼梯、阳台、雨篷、防潮层、踢脚板、室外地面、散水、明沟,以及及室内外装修等剖切到和可见的内容。

(3)标注尺寸和标高。剖面图中应标注相应的标高与尺寸。标高要标注被剖切到的外墙门窗口的标高,室外地面的标高,檐口、墙顶的标高,以及各层楼地面的标高。尺寸应标注门窗洞口高度、层间高度和建筑总高三道尺寸,室内还应注出内墙体上门窗洞口的高度,以及内部设施的定位和定型尺寸。

(4)表示楼地面、屋顶各层的构造。一般用引出线说明楼地面、屋顶的构造做法。如果另画详图或已有说明,则在剖面图中用索引符号引出说明。

2. 剖面图的识读

图1—6所示为该住宅楼的剖面图(即图1—3中的2—2剖面),现以此为例说明剖面图的识读方法。

先了解剖面图的剖切位置与编号,从图1—3上可以看到2—2剖面图的剖切位置在⑤~⑥轴线之间,断开位置从客厅、餐厅到厨房,切断了客厅的飘窗和厨房的外窗。

了解可见的部分,2—2剖面图中可见部分主要是入户门,门高2 100 mm,门宽在平面图上表示。

了解剖面图上的尺寸标注。从左侧的标高可知飘窗的高度,从右侧的标高可知厨房外窗的高度。建筑物的层高为3 000 mm,从地下室到屋顶的高度为20.4 m。

1.2.5 建筑详图

建筑平面图、立面图、剖面图表达建筑的平面布置、外部形状和主要尺寸,为了满足施工要求,对建筑的细部构造用较大的比例详细地表达出来,这样的图称为建筑

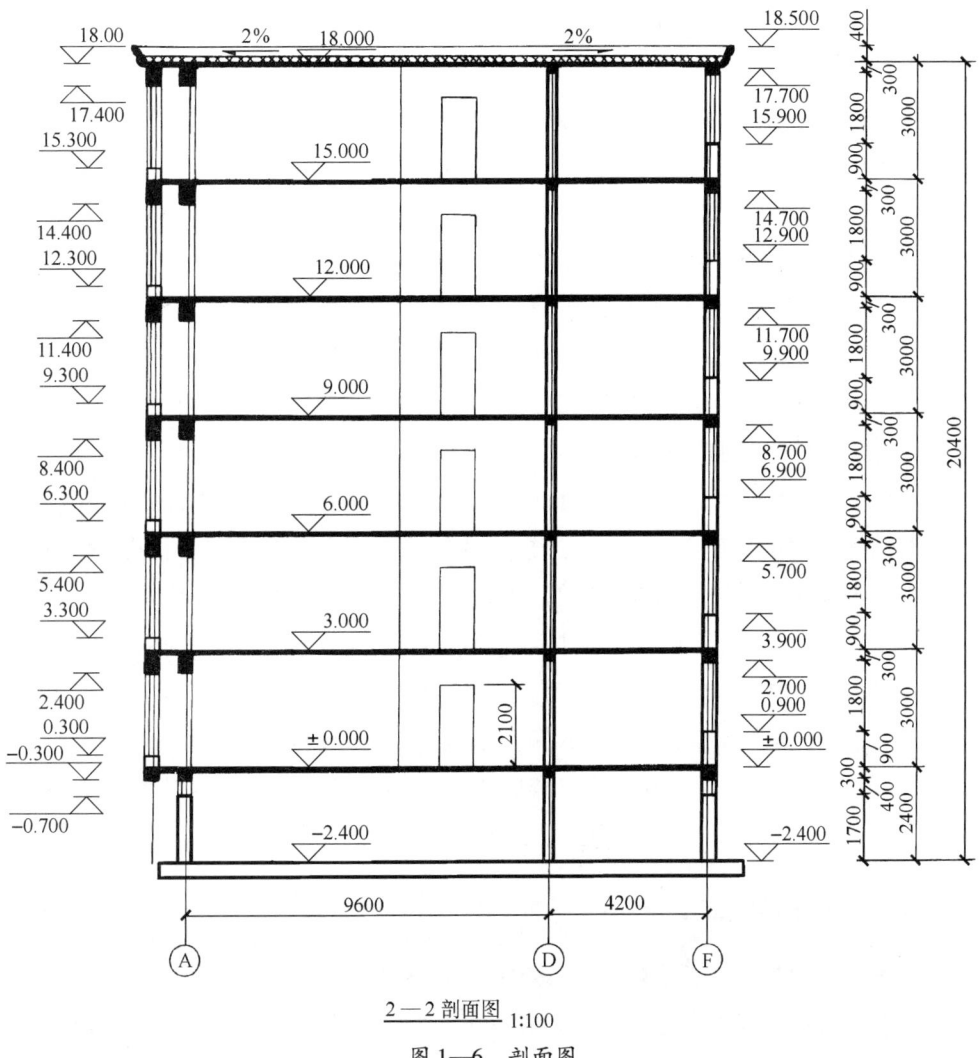

2—2 剖面图 1:100

图 1—6 剖面图

详图,有时也称大样图,如楼梯详图、墙身详图等。详图的特点是比例大,反映的内容详尽,常用的比例有 1:50、1:20、1:10、1:5 等。

下面以外墙身详图为例介绍建筑施工图中的详图。

1. 外墙身详图的内容

(1) 墙脚。外墙墙脚主要是指一层窗台和以下部分,包括散水(或明沟)、防潮层、踢脚、一层地面、勒脚等部分的形状、大小、材料及其构造情况。

(2) 中间部分。主要包括楼板层、门窗过梁、圈梁的形状、大小、材料及其构造情况。还应表示出楼板与外墙的关系。

(3) 檐口。应表示出屋顶、檐口、女儿墙和屋顶圈梁的形状、大小、材料及其构造情况。

墙身大样图一般用1:20的比例绘制，由于比例较大，各部分的构造如结构层、面层的构造均应详细表达出来，并画出相应的图例符号。

2. 外墙身详图的识读

图1—7所示为某住宅的外墙身详图，识读时应按如下顺序进行。

(1) 了解墙身详图的图名和比例。该图为住宅楼Ⓕ轴线的详图，比例为1:20。

(2) 了解墙脚构造。从图1—7中看到，该楼墙脚防潮层采用20 mm厚1:2.5水泥砂浆（质量比，余同），内掺3%防水粉。地下室地面与外墙相交处留10 mm宽缝，灌防水油膏。外墙外表面的防潮做法是：先抹20 mm厚1:2.5水泥砂浆，水泥砂浆外刷1.0 mm厚聚氨酯防水涂膜，在涂膜固化前黏结粗沙，再抹20 mm厚1:3水泥砂浆。由于目前通用标准图集中有散水、地面、楼面的做法，因而，在外墙身详图中一般不再表示散水、楼地面的做法。而是将这部分做法放在工程做法表中具体反映。

(3) 了解中间节点。可知窗台下高900 mm、宽120 mm的暖气槽，做法见98J3（一）标准图集的14页②详图，楼板与过梁浇筑成整体。楼板标高3.000 m、6.000 m、9.000 m、12.000 m、15.000 m表示该节点适应于2~6层的相同部位。

(4) 了解檐口部位。从图中可知檐口的具体形状和尺寸，檐沟是由保温层形成，檐沟处附加一层防水层，檐口顶部做法见98J5标准图集第6页Ⓐ图。

1.2.6 结构施工图

在建筑设计的基础上，对房屋各承重构件的布置、形状、大小、材料、构造和相互关系等进行设计，画出来的图样称为结构施工图（又称结构图），简称"结施"。

结构图一般包括结构设计说明、结构布置图和构件详图三部分内容。

结构设计说明以文字叙述为主，主要说明设计的依据，如地基情况、风雪荷载、抗震情况；选用结构材料的类型、规格、强度等级；施工要求；标准图或通用图的使用等。

结构布置图是房屋承重结构的整体布置图，主要表示结构构件的位置、数量、型号和相互关系。常用的结构平面布置图有基础布置平面图、楼层结构平面图、屋面结构平面图、柱网平面图等。

构件详图是表示单个构件形状、尺寸、材料、构造和工艺的图样，如梁、板、柱、基础等详图。

第1章 生产管理基础知识

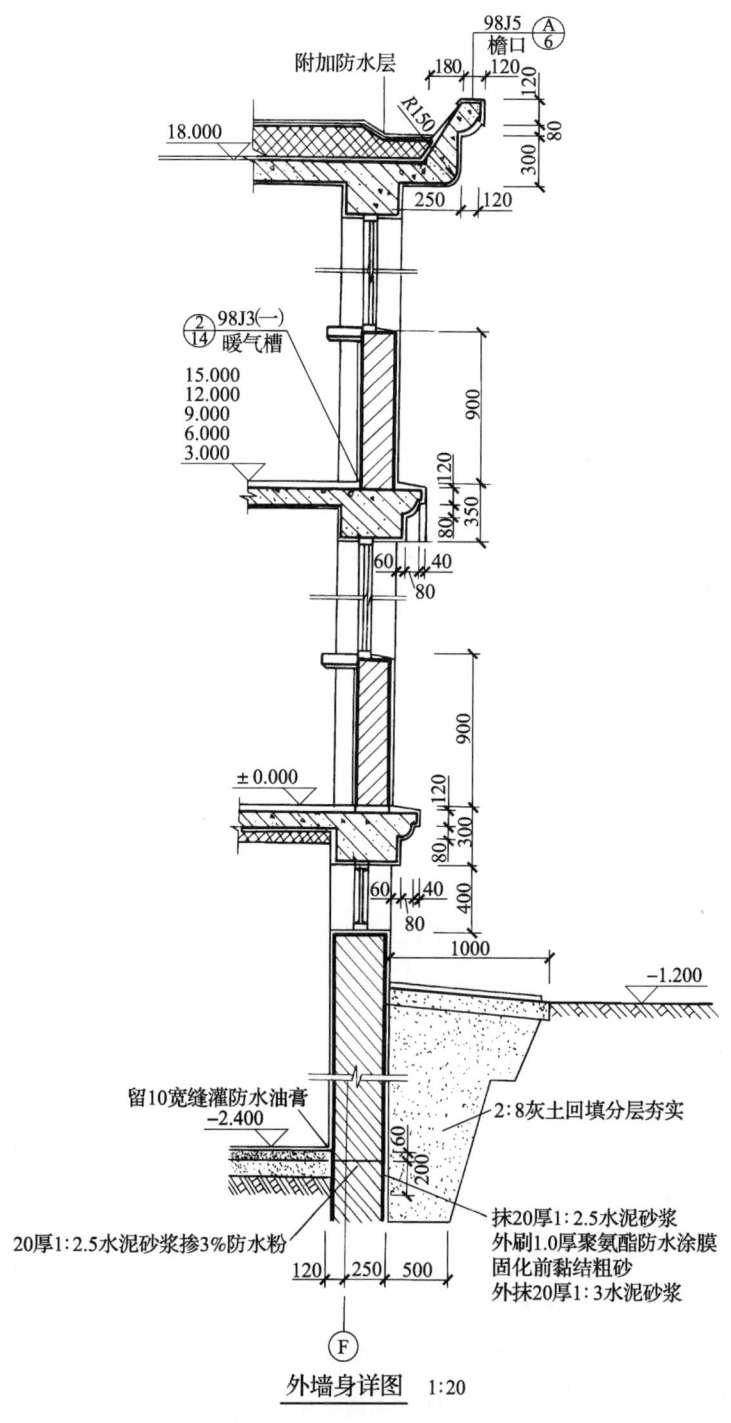

图1—7 某住宅外墙身详图

1. 基础平面图和详图

为了把基础表达得更清楚，假想用贴近首层地面并与之平行的剖切平面把整个建筑物切开，移走上半部分，剩下下半部分，再假想把基础周围的回填土挖出使整个基础裸露出来。

基础平面图是将剖切后裸露出的基础向水平投影面做投影而得到的剖面图。

基础详图是将基础垂直切开所得到的断面图（对独立基础，有时还附单个基础的平面详图）。

（1）基础平面图。基础平面图主要表达基础的平面布置情况，定位轴线和间距，基础的类型、管沟的平面位置和基础详图的剖切位置等。它与基础详图一起，用作放线、挖基槽和基坑、砌筑基础、编制预算和施工进度计划的依据。

图1—8a所示为某宿舍基础平面图。条形基础用两条平行的粗实线表示剖切到的

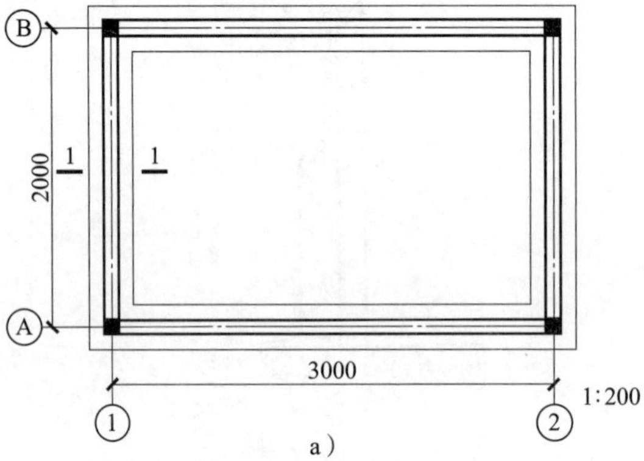

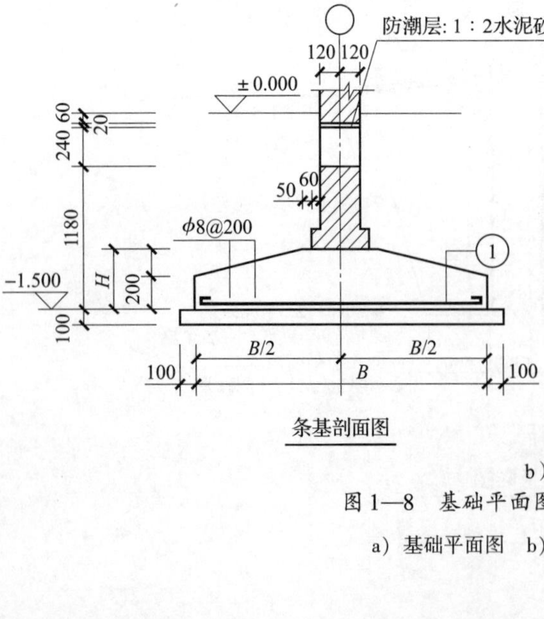

条基配筋表

基础编号	基础宽度 B（mm）	H（mm）	①号筋
1—1	1400	350	$\phi 10@200$
2—2	2300	400	$\phi 14@125$
4—4	1600	350	$\phi 10@150$
5—5	2000	400	$\phi 14@150$
6—6	1000	350	$\phi 8@200$

图1—8 基础平面图和基础详图

a）基础平面图　b）基础详图

墙厚，基础墙两侧的中实线表示基础外形轮廓，基础断面位置用1—1表示。绘图比例为1:200，横向轴线由①~②，纵向轴线由Ⓐ~Ⓑ。图中框架柱涂黑。

（2）基础详图。基础详图主要表达基础的形状、尺寸、材料、构造和基础的埋置深度等。各种基础的图示方法有所不同，图1—8b举出了条形基础的基础详图。从该图中看到，基础的1—1断面墙厚240 mm，条形基础地面宽为1 400 mm，基础地面标高 -1.500 m。在基础底部配有 $\phi 10@200$ 的受力钢筋，$\phi 8@200$ 的分布钢筋，基础下有100 mm厚的C10素混凝土垫层。

2. 结构平面图

（1）楼层结构平面图。楼层结构平面图的图示方法是假想沿每层楼板上表面水平剖切并向下投影得到的剖面图。

楼层结构平面图主要表示板、梁、墙等的布置情况。对现浇板，一般要在图中反映板的配筋情况，若是预制板则反映板的选型、排列、数量等。梁的位置、编号和板梁墙的连接或搭接情况等都要在图中反映出来。另外楼层结构平面图还反映圈梁、过梁、雨篷、阳台等的布置。若构造复杂时，也可单独成图。

以一座有两个单元的住宅来说，因两个单元结构形式一样，配筋相同，所以只画一个单元。图上被剖切到的构造柱会被涂黑。板下梁在相应位置上注出（如QL1、QL2等），楼板配筋要用粗线按规定画法画出，一种板只画一块。因每块板的板厚、标高不尽相同，所以需要一一标出，并在高低变化处画出重合断面图。楼梯间因习惯上需另画详图，可仅画一条对角线并标注说明。楼梯结构图的详解单独说明。

（2）屋顶结构平面图。其表达的内容基本与楼层结构平面图相同。但屋顶结构形式有时会有变化（如平屋顶、坡屋顶等），在图中要用适当的方法表示出来。

3. 楼梯结构图

楼梯结构施工图包括楼梯结构平面图和楼梯结构剖面图。

楼梯结构平面图主要表示楼梯类型、尺寸、结构和梯段在水平投影的位置、编号、休息平台板配筋和标高等。

楼梯结构剖面图主要表示各楼梯段、休息平台板的立面投影位置、标高、楼梯板配筋详图。

楼梯结构平面图如图1—9所示。从图中看出楼梯位于Ⓒ~Ⓕ与③~⑤轴线间，从地下室上到第一休息平台共有9级踏步，每步宽300 mm；TB3、TB4分别是踏步板3、踏步板4的编号，TB3、TB4的长为2 700 mm，宽为1 300 mm。TL1表示支撑楼梯平台板的平台梁。

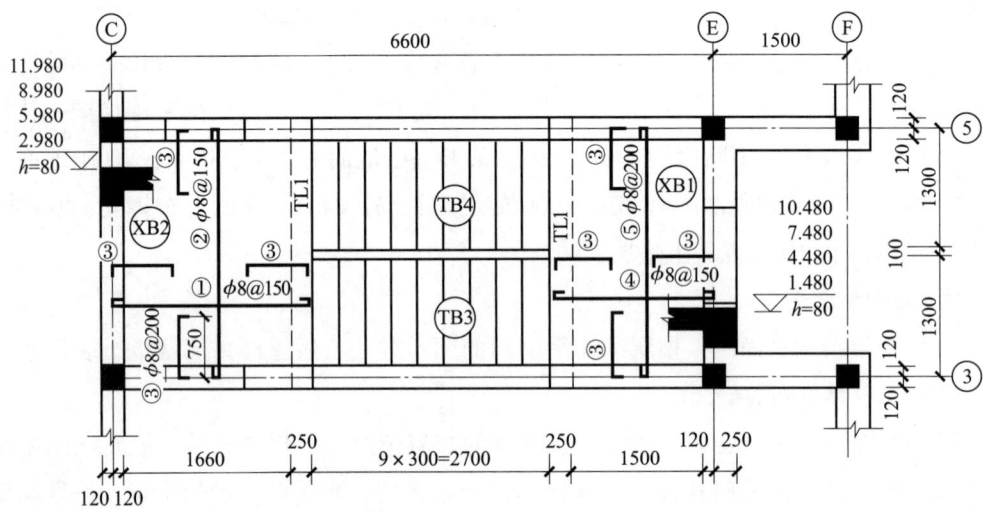

图1—9 楼梯结构平面图

图1—10所示为楼梯剖面图,主要表示了TB、TL在竖向的位置、标高和结构情况。由图中看出,TB1、TB2、TB3、TB4等和TL1、TL2等各构件在空间的位置。图1—10b和图1—10c分别为TB2、TB1的剖面图和平台梁TL1的剖面图。从图中可以看出,地下室−2.250 m到−0.900 m共有8步,每步高169 mm;踏步板后120 mm与平台梁TL1直接相连,梯板中的配筋①$\phi 8@120$为纵向受力筋,布置在底板;②$\phi 6@250$分布筋横向布在受力筋上面,③、④号为构造筋,布置在板两端的上方,两端深入平台梁内。TB2、TB3、TB4等的构造形式与TB1基本相同,不同之处是踏步板厚度。平台梁TL1断面图,梁宽240 mm,梁高350 mm,梁中受力筋㉒为$3\phi 14$,架力筋㉙为$2\phi 14$,㉚箍筋$\phi 8@200$。

对于多层建筑如多层构件类型、大小、数量、布置均相同时,可只画一个标准层。其他应分层绘制。

4. 钢筋混凝土构件的平面整体表示法

传统的结构表示方法是将构件从结构平面布置图中索引出来,再逐个绘制配筋详图。这种方法表示烦琐,各地区不尽相同。为了保证结构施工图的绘制实现全国统一,确保设计、施工质量,我国推出了国家标准图集《混凝土结构施工图平面整体表示方法制图规则和构造详图》(11G101),简称"平面表示法"。下面重点介绍钢筋混凝土构件的平面表示法。

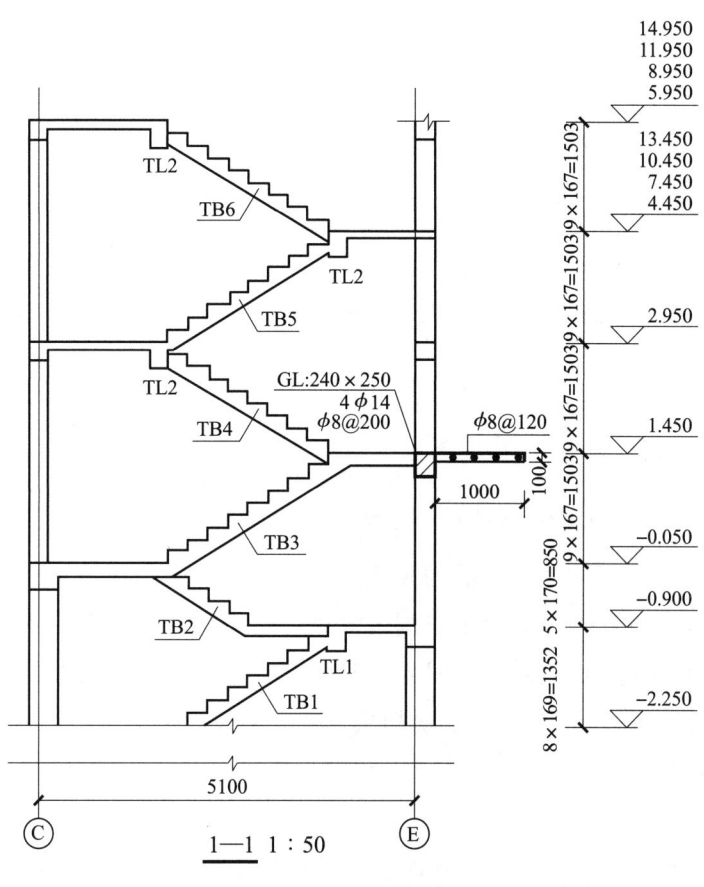

a)

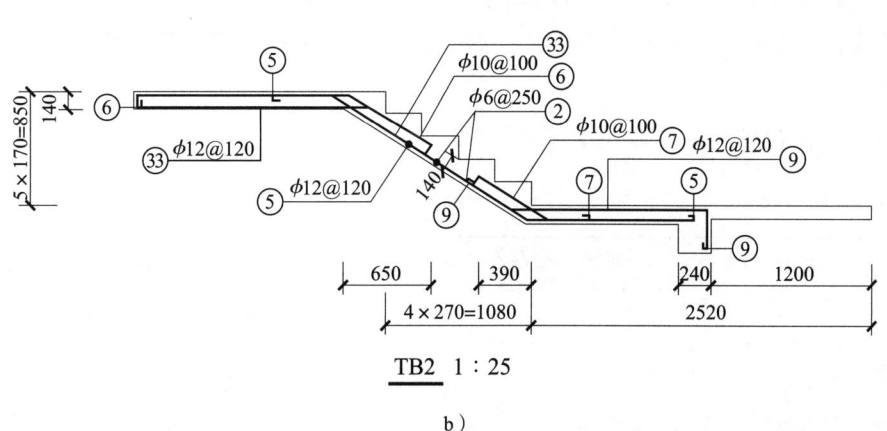

b)

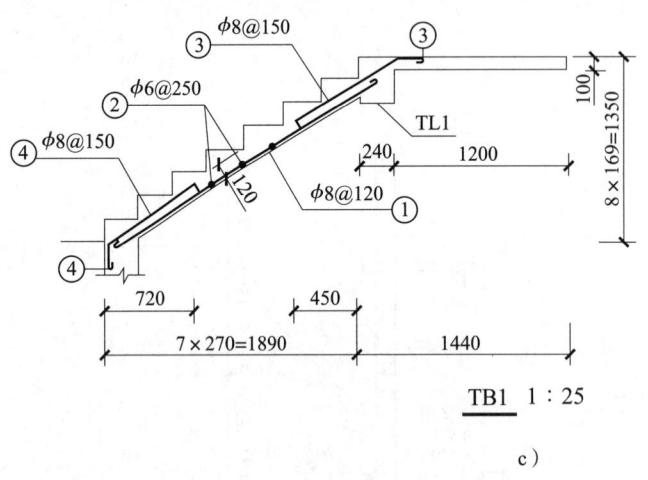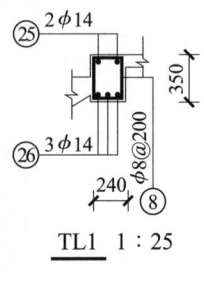

c)

图 1—10 楼梯结构剖面图

a）楼梯剖面尺寸 1　b）楼梯剖面尺寸 2　c）楼梯剖面尺寸 3

建筑结构施工图平面表示法的表达形式，概括来讲，是把结构构件的尺寸和配筋等，按照施工顺序和平面表示法制图规则，整体直接表达在各类构件的结构平面布置图上，再与标准构造详图相配合，即构成一套新型完整的结构施工图。从而使结构设计方便、表达全面、准确、易随机修正，大大简化了绘图过程。平面表示法改革了传统表示法的逐个构件表达方式，是对我国目前混凝土结构施工图设计方法的重大改革。

该图集包括两大部分内容：平面整体表示法制图规则和标准构造详图。该方法主要用于绘制现浇钢筋混凝土结构的梁、板、柱、剪力墙等构件的配筋图。

因为板的平面配筋图与传统方法一致，所以下面仅对常用的梁、柱平面表示法进行介绍。

（1）构件代号。见表 1—10。

表 1—10　　　　　　　　构件代号

代　号	类　型	代　号	类　型
KZ	框架柱	Q	剪力墙墙身
KZZ	框支柱	LL	连梁（无交叉暗撑、钢筋）
XZ	芯柱	LL（JA）	连梁（有交叉暗撑）
LZ	梁上柱	LL（JG）	连梁（有交叉钢筋）

续表

代 号	类 型	代 号	类 型
QZ	剪力墙上柱	AL	暗梁
YDZ	约束边缘端柱	BKL	边框梁
YAZ	约束边缘暗柱	KL	楼层框架梁
YYZ	约束边缘翼墙柱	WKL	屋面框架梁
YJZ	约束边缘转角墙柱	KZL	框支梁
GDZ	构造边缘端柱	L	非框架梁
GAZ	构造边缘暗柱	XL	悬挑梁
GYZ	构造边缘翼墙柱	JZL	井字梁
GJZ	构造边缘转角墙柱	JD	矩形洞口
AZ	非边缘端柱	YD	圆形洞口
FBZ	扶壁柱	—	—

(2) 梁的配筋图画法。梁平面整体配筋图是在各结构层梁平面布置图上，采用平面注写方式或截面注写方式表达。

1) 平面注写方式。平面注写方式是在梁的平面布置图上，将不同编号的梁各选一根，在其上直接注明梁代号、断面尺寸 $B×H$（宽×高）和配筋数值。当某跨断面尺寸或箍筋与基本值不同时，则将其特殊值从所在跨中引出另注。

平面注写采用集中注写与原位注写相结合的方式标注，如图1—11所示。

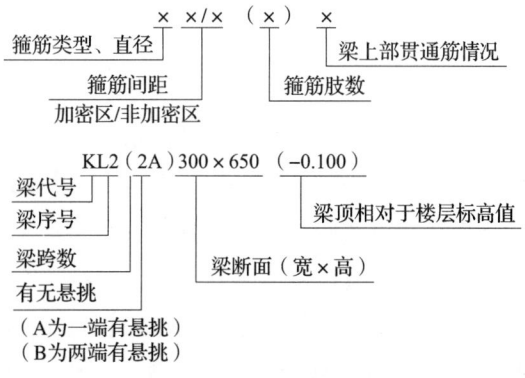

图1—11 平面注写方式

原位注写表达梁的特殊数值。将梁上部、下部受力筋逐跨注写在梁上、下位置，如受力筋多于一排时，用斜线"/"将各排纵筋自上而下分开。

图1—12所示表达了在Ⓑ轴线上梁的情况，引出线部分为集中标注。KL2（2A）300×650为2号框架梁，有两跨，一端有悬挑，梁断面为300 mm×650 mm；ϕ8-100/200（2）2⏀25表明此梁箍筋是ϕ8 mm、间距200 mm，加密区间距100 mm，2⏀25表示在梁上部贯通直径为25 mm的钢筋2根；（-0.100）表示梁顶相对于楼层标高24.950 m低0.100 m，在Ⓑ轴与①～②轴之间梁下部中间段6⏀25 2/4为该跨梁下部配筋，上一排纵筋为2⏀25，下一排纵筋为4⏀25，全部伸入支座。在①轴处梁上部注写的2⏀25+2⏀22，表示梁支座上部有4根纵筋，2⏀25放在角部，2⏀22放在中部。当梁支座两边的上部纵筋相同时，可仅在一边标注配筋值，另一边省略不注，如②轴梁上端所示。当集中注写的数值中某一项（或几项）数值不适用于某跨或某悬挑部分时，则按其不同数值原位注写在该跨或该悬挑部分处，施工时，按原位标注的数值优先选用。如③轴右侧悬挑梁部分，下部标注ϕ8@100，表示悬挑部分的箍筋通长都为ϕ8 mm 间距100 mm的两肢箍。

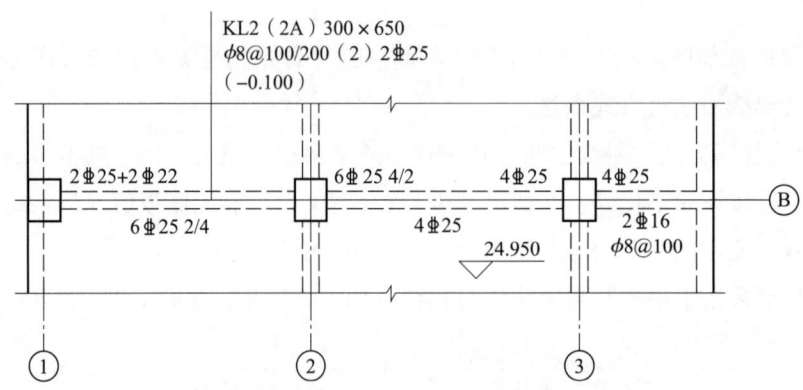

图1—12　梁平面整体配筋图平面注写方式

梁支座上部纵筋的长度根据梁的不同编号类型，按标准中的相关规定执行。

2）截面注写方式。截面注写方式是将断面号直接画在平面梁配筋图上，断面详图画在本图或其他图上。截面注写方式既可以单独使用，也可与平面注写方式结合使用，如在梁密集区，采用截面注写方式可使图面清晰。

图1—13所示为平面注写和截面注写结合使用的图例。图中吊筋直接画在平面图中的主梁上，用引线注明总配筋值，如L3中吊筋2⏀18。

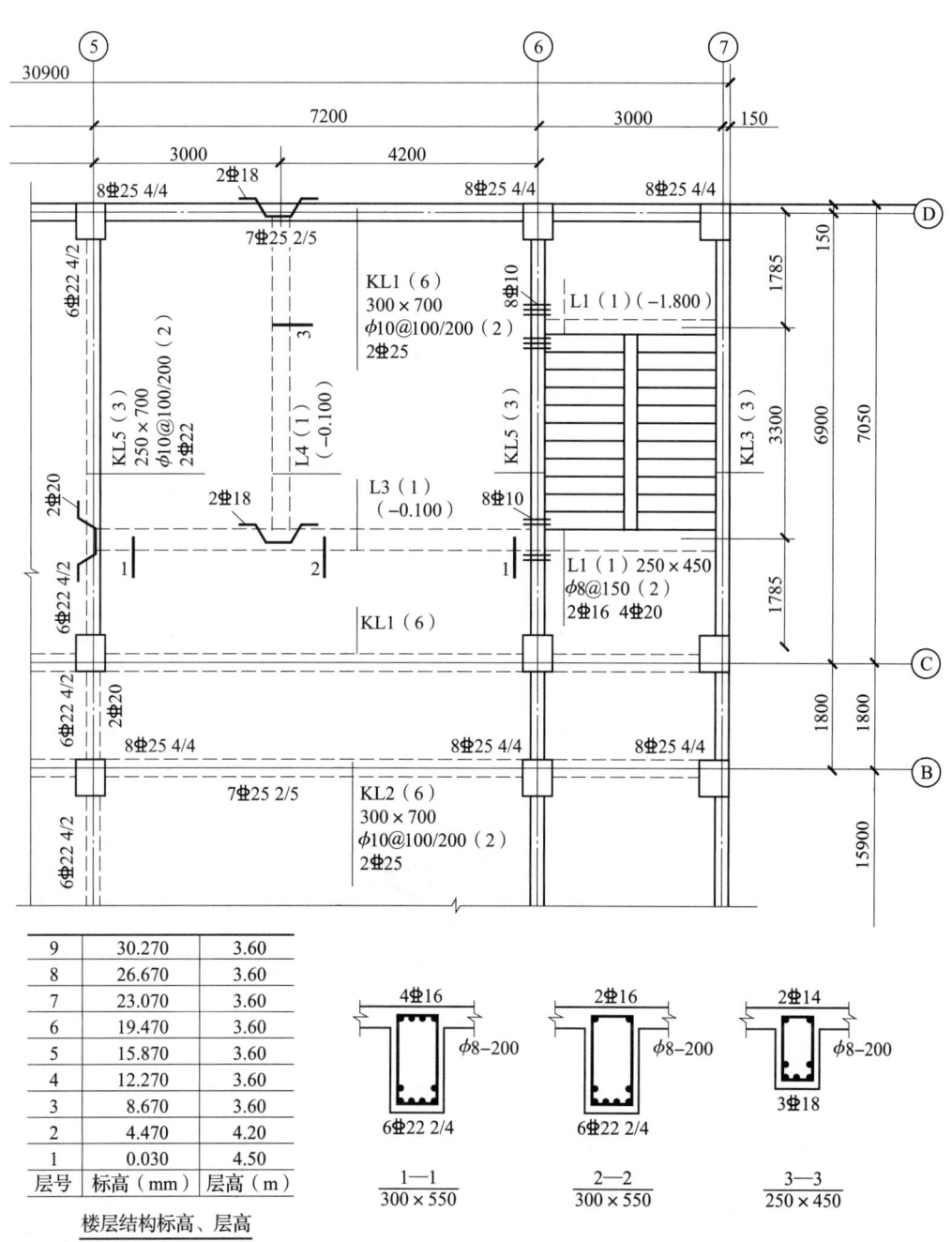

图 1—13　梁平面整体配筋图举例

（3）柱的配筋图画法。柱平面整体配筋图是在柱平面布置图上采用列表注写方式或截面注写方式表达。

用双比例法画柱平面配筋图,在柱所在平面位置上,将各柱断面放大后,在两个方向上分别注明同轴线的关系,将柱配筋值、配筋随高度变化值,以及断面尺寸、尺寸随高度变化值与相应的柱高范围成组对应,在图上注明。柱箍筋间距加密区与非加密区间距值用"/"线分开。

在注写上述各种数值时用列表的方式注写称为列表注写方式;分别在不同编号的柱中选择一个截面直接注写的方式称为截面注写方式。

图1—14所示为列表注写方式示例。

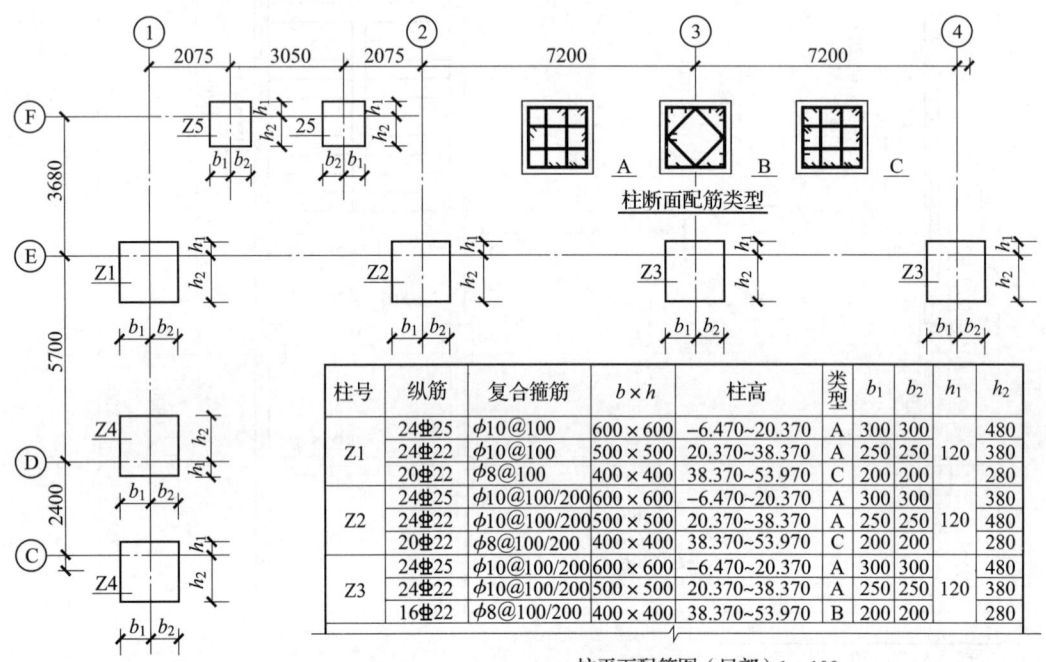

图1—14 柱平面整体配筋图举例

(4)桥梁图样识图。以下以简支梁为例,简要介绍桥梁图样的识图。桥梁主体结构图样主要由构造图和钢筋图组成。桥梁构造图反映桥梁的尺寸大小,一般由纵断面图、顶板/底板剖面图和横截面图组成。桥梁钢筋图反映内部钢筋的配置,一般由普通钢筋图和预应力钢筋图组成。

纵断面图为沿桥纵向中心线切出的剖面。从图1—15中可以看出梁的总高为 1 450 mm + 100 mm + 250 mm = 1 800 mm。

图1—16所示为1/2平面图。图1—16中反映的是1—1截面的情况,事实上在原本图1—16的右侧还有一张2—2截面的图。由于桥梁的对称性,只要反映1/2的平面

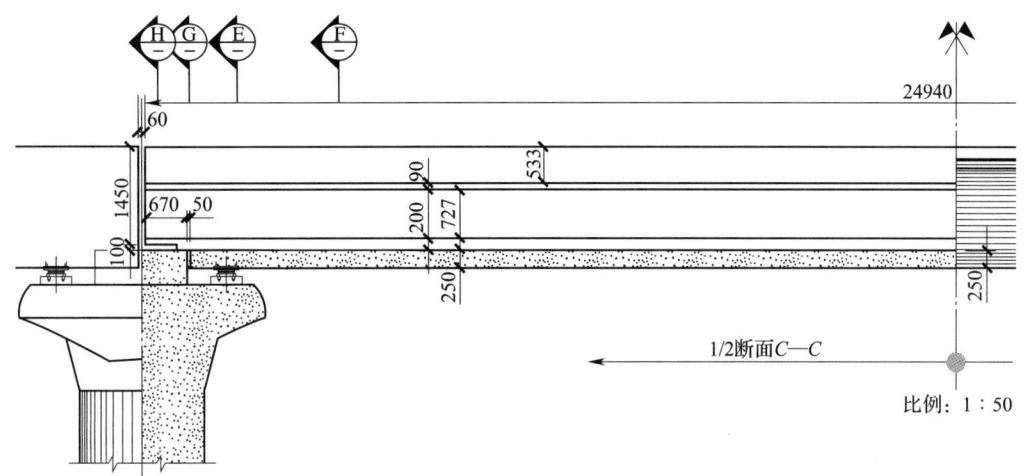

图 1—15　1/2 纵断面图

情况就足够反映出整个平面的情况。所以通常在平面图中采用了两张不同截面处的1/2平面图拼合的形式。图1—16中左侧有两个正方形表示的是支座的位置。

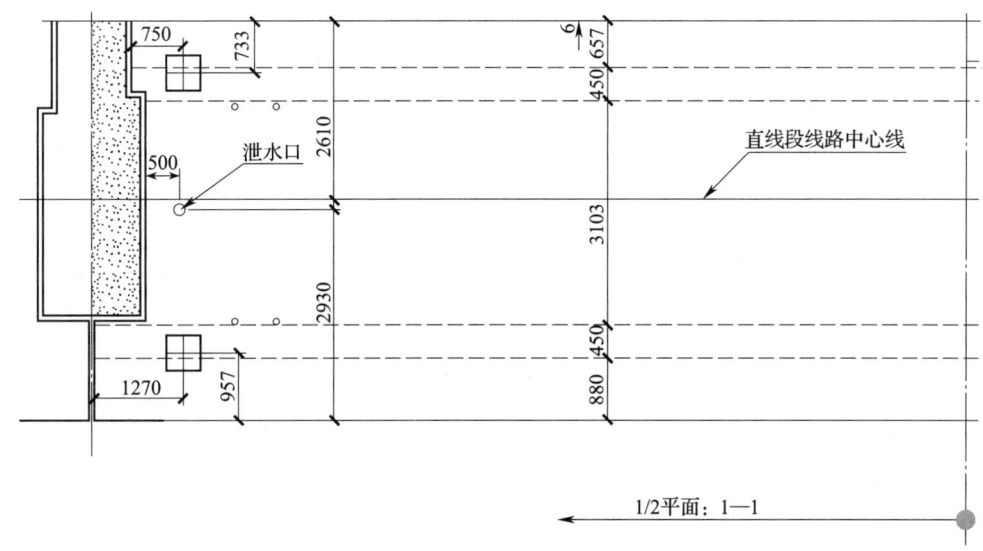

图 1—16　底板平面图

图1—17所示是预应力筋的立面布置图。桥梁的内部钢筋中的普通钢筋一般不做受力计算，为构造需要，起着防止混凝土开裂的作用。受力主要由预应力筋承担。预应力筋在跨中附近布置在梁体下缘，在梁端位置附近，部分预应力筋弯起到梁体上缘锚固。图1—17中给出了预应力筋关键点的三维坐标，这对确定预应力筋在弯曲的腹板中的位置是十分必要的。

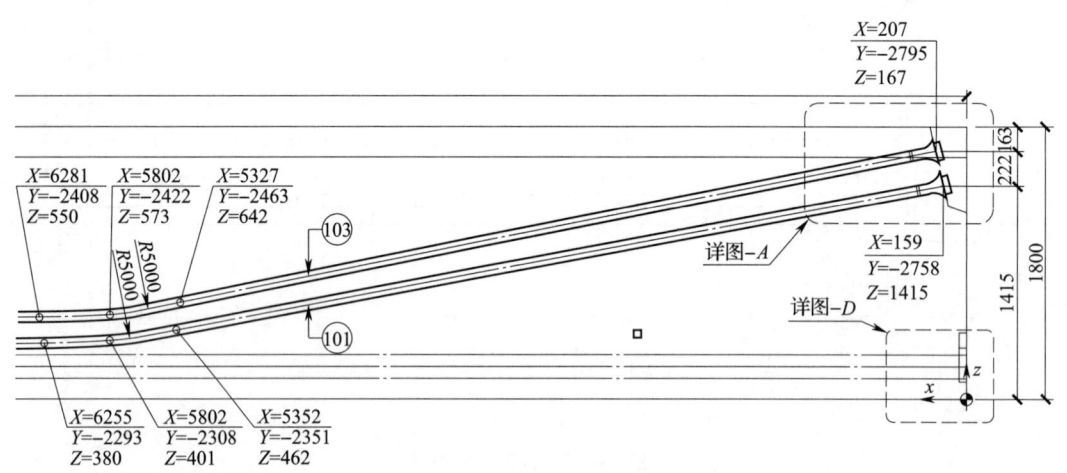

图 1—17　预应力筋立面布置图

横截面图为沿横向切出的剖面。一般图样至少包含梁端横截面图和跨中横截面图，复杂的桥梁需要更多的横截面图才能反映清楚桥梁的构造。如图 1—18 所示，可以看到梁总高 1 800 mm，梁总宽为 870 mm + 4 120 mm + 550 mm = 5 540 mm。在右上角有一个"详图 B"，这个位置是滴水槽（滴水线）。设计在考虑排水通路时，会避免水从没有防水层的主体结构表面（在图 1—18 中为不含头部的外侧面和梁底）流过，以防降低混凝土耐久性。

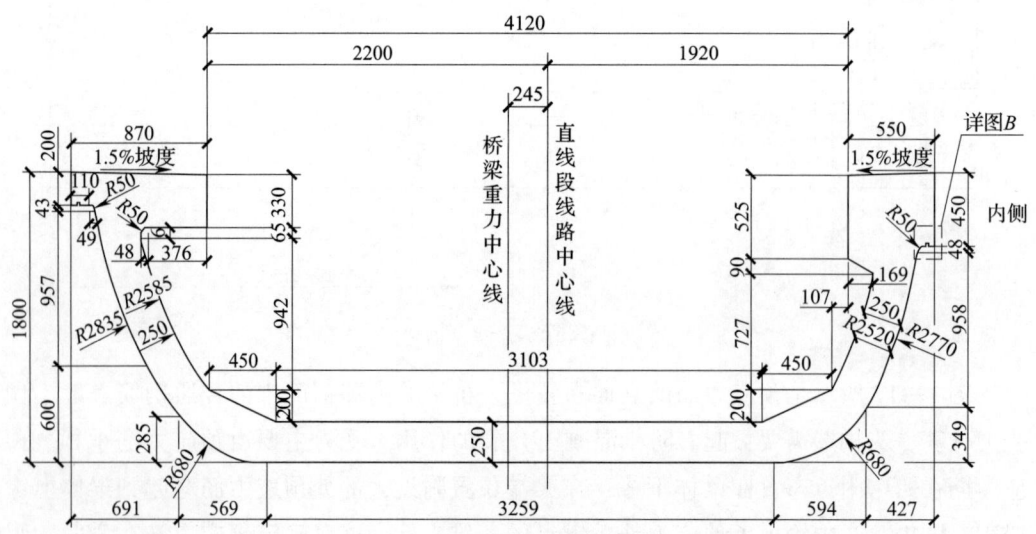

图 1—18　横截面图

理论知识复习题

一、判断题（将判断结果填入括号内，正确的填"√"，错误的填"×"）

1. 编制预算表的依据是施工设计图样、施工组织计划和总概算控制范围。（　）
2. 若干米挡墙、若干米路基可以作为预算表的计算单元。（　）
3. 预算费用不包括设计费。（　）
4. 设计费和直接费、间接费和其他费都有关。（　）
5. 看工程图时一般先看细部结构，需要查看比例等信息时再看图签。（　）
6. 凡按规律排列的钢筋，其定位尺寸常用注解性说明。（　）
7. 钢筋详图必须逐段注出尺寸，但可以不画尺寸界线和尺寸线。（　）
8. 平面图、正面图与侧面图各自独立，相互之间没有联系。（　）
9. 钢筋的下料尺寸是根据大样尺寸、弯钩的标准尺寸和钢筋的伸长度等综合计算出来的。（　）
10. 单项工程基价包括工费、料费、机械使用费。（　）

二、单项选择题（选择一个正确的答案，将相应的字母填入题内的括号内）

1. 编制预算表的依据是（　　）。
   A. 施工设计图样
   B. 施工组织计划
   C. 施工设计图样和施工组织计划
   D. 施工设计图样、施工组织计划和总概算控制范围

2. （　　）不是编制预算表的依据。
   A. 施工设计图样　　　　　　B. 施工组织计划
   C. 内部财务拨款　　　　　　D. 总概算控制范围

3. 预算表的计算单元是（　　）。
   A. 主体工程　　B. 附属工程　　C. 单项工程　　D. 全部工程

4. 预算费用由（　　）组成。
   A. 直接费和间接费　B. 其他费　　C. 设计费　　D. 以上所有

5. 不属于直接费的是（　　）。
   A. 单项工程基价　　B. 运杂费　　C. 行车干扰费　　D. 勘察设计费

6. 看工程图的合理顺序是（　　）。

A. 看标题栏、看投影图、细部分析　　B. 细部分析、看投影图、看标题栏

C. 看投影图、看标题栏、细部分析　　D. 看投影图、细部分析、看标题栏

7. 关于定位尺寸，下列说法不正确的是（　　）。

A. 凡按规律排列的钢筋，其定位尺寸常用注解性说明

B. 钢筋间距可用符号@表示

C. 可以表示成 $m \times n = 1$ 的乘式形式

D. 可以表示成 $m - n = 1$ 的减式形式

8. 钢筋表的主要内容不包括（　　）。

A. 钢筋强度　　B. 钢筋编号　　C. 钢筋根数　　D. 钢筋总重

9. 关于钢筋详图上的尺寸标注，不恰当的是（　　）。

A. 必须逐段注出尺寸　　B. 可以不画尺寸界线和尺寸线

C. 钢筋弯钩可不在图上注明　　D. 斜度尺寸宜用汉字形式注出

10. 三视图一般不包括（　　）。

A. 平面图　　B. 正面图　　C. 侧面图　　D. 背面图

理论知识复习题答案

一、判断题

1. √　2. √　3. ×　4. √　5. ×　6. ×　7. √

8. ×　9. √　10. √

二、单项选择题

1. D　2. C　3. C　4. D　5. C　6. A　7. D

8. A　9. D　10. D

第 2 章

桥梁综合作业

2.1　桥面作业

2.2　桥跨作业

2.3　桥梁附属设备作业

2.4　桥梁设施验收及质量评定

理论知识复习题

理论知识复习题答案

2.1 桥面作业

学习目标

- ✓ 了解桥面检查的要求
- ✓ 掌握桥面抄平知识

知识要求

2.1.1 桥面检查

桥面检查包括经常检查、定期检查、临时检查和专项检查。

各项检查必须建立相应考核制度,保证各项检查工作的落实。各工区应建立检查记录簿,并按规定认真填写,保证数据准确可靠,为状态分析评定和编制维护工作计划提供依据。为保证检查的精度,应配备必要的检查工具和仪器。根据检查工作量和技术难度可委托具有相应资质的单位完成检查任务。

对桥隧设备状态变化较快和直接影响行车安全的部位应经常检查。对桥面所有设备进行添乘巡视,每月一遍,及时发现不安全因素。此外,对桥面声屏障进行专项添乘巡视,每月一遍。

对普通桥梁桥面进行检查,至少每三个月一次,主要检查桥面铺装是否完好;泄水孔有无堵塞;钢梁上盖板是否锈蚀;电缆沟盖板是否损坏缺失;栏杆是否锈蚀或损坏；桥面伸缩缝止水带是否脱落破损；声屏障和立柱有无锈蚀，连接件有无锈蚀、松动或脱落，屏体有无损坏；装饰板有无锈蚀、损坏、脱落等。

在秋季应对桥梁设施进行全面检查，据以进行桥梁设备技术状态评定，拟订病害整治措施，安排设备改善计划，确保行车安全。对桥梁设备各部分的技术状态，应按《桥梁设施状态评定标准》的规定，进行全面细致的检查，必要时用仪器检测或试验，以查明各种病害情况。桥梁维护部根据秋检结果，填写桥梁建筑物状态评定明细表，并汇总填写桥梁建筑物状态评定报告表，提出病害发生原因、增减情况等状态分析报告。

临时检查是当设备遭受地震、洪水、台风、火灾和车船撞击等紧急情况或发生突发性严重病害时，为及时得到结构物状态的信息而进行的检查。临时检查由车间组织进行，必要时由公司组织进行。

专项检查是指包括挠度、拱度和横向振幅测量、墩台变形和基础病害检查、声屏障安全检测在内的针对特定项目的检查。

凡跨度在40 m及以上的钢梁，至少每三年测量一次挠度和拱度（固定测点位置）。对有病害的钢梁、钢筋混凝土梁和预应力混凝土梁挠度、拱度和跨中横向振幅的测定至少每年测量一次。挠度测量时，可先测动荷载所产生的挠度，必要时再复测静荷载所产生的挠度。

特大桥及病害严重的桥梁，对其墩台均应进行下沉或位移的观测。为求得各墩台位移和下沉的绝对值，墩台标高应与桥梁附近国家水准点相联系，基准线在观测区以外应有控制系统。观测工作一般每年一次，经多年观测基本稳定时，可每隔若干年观测一次。历年观测资料应妥善保存，绘制出汇总后的图表，以分析了解其变化趋势。

声屏障投入使用后，应间隔一定时间对其进行立柱垂直度、立柱整体直线度等结构构造和力学检测，立柱和底板构件、锚固螺栓锈蚀情况，以及立柱和底板涂层厚度、风化程度等涂层防护状况的检测，基础混凝土强度、抽检螺母拧紧扭矩值和锚固螺栓抗拉拔强度值等的基础强度的检测，并应根据设计施工图及现场测试的实际结构尺寸，对声屏障设施的强度、刚度和稳定性进行验算复核。

2.1.2 桥面抄平知识

1. 水准测量的原理、仪器和方法

桥面抄平是指按照设计的桥面纵横坡度做桥面铺装层。此处介绍桥面抄平中涉及的水准测量和防水涂装的内容。下面先简单谈谈水准测量的原理、仪器和方法。

(1) 高程系统。为了统一全国的高程系统，我国采用黄海平均海水面作为全国高程系统的基准面，即我国采用的大地水准面。在该面上的任一点，其高程为零。为确定这个基准面，在青岛设立验潮站和国家水准原点。根据青岛验潮站从1952年到1979年的验潮资料，确定黄海平均海水面为高程零点，并据此测定青岛水准原点的高程为72.260 4 m，这个高程零点和原点高程称为"1985国家高程基准"。根据这个基准，测定全国各地的高程，例如，2005年国家测绘局测定珠穆朗玛峰峰巅的高程为8 844.43 m。

(2) 水准测量的基本原理。水准测量的基本原理是：利用水准仪提供一条水平视线，对竖立在两地面点的水准尺分别进行瞄准和读数，以测定两点间的高差；再根据已知点的高程，推算待定点的高程。

(3) 水准测量和水准路线。若两点间的距离较远，或高差较大，或不能直接通视，不可能安置一次水准仪即测定其高差。此时，可沿一条路线进行水准测量，中间加设若干个临时立尺垫，称为"转点"（Turning Point，TP），依次安置水准仪，测定相邻点间的高差，最后取各高差的代数和，得到起、终两点间的高差。水准测量所进行的路线称为水准路线。

水准路线的形式有闭合水准路线、附合水准路线、支水准路线。

(4) 水准尺和水准仪。水准测量所使用的仪器为水准仪，与其配套的工具为水准尺和尺垫。

水准尺的尺面上每隔1 cm印刷有黑、白或红、白相间的分划，每分米处注有分米数，其数字有正和倒两种，分别与水准仪的正像望远镜或倒像望远镜相配合。双面水准尺的一面为黑白分划，称为黑色面；另一面为红白分划，称为红色面。双面尺的黑色面分划的零是从尺底开始，红色面的尺底是从某一数值（一般为4 687 mm或4 787 mm）开始，称为零点差。水准仪的水平视线在同一根水准尺上的红、黑面读数差应等于双面尺的零点差，可作为水准测量时读数的检核。

(5) 水准仪的使用。用水准仪进行水准测量的操作程序为：安置—粗平—瞄准—精平—读数。

(6) 水准测量的方法。在进行连续水准测量时，若在其中任何一个测站上仪器操作有失误，都会影响高差观测值的正确性。因此，在每一个测站的观测中，为了能及时发现观测中的错误，通常用"两次仪器高法"或"双面尺法"进行水准测量。

(7) 桥面坡度、线路曲线与线路坡度。桥面在沿线路方向的坡度即桥面纵坡。桥面纵向坡度不宜小于3‰，除单线桥外，多线桥桥面横向应采用双向排水坡，排水坡坡度不小于5‰。桥面在沿与路线垂直方向（横向）的坡度即桥面横坡。桥面横坡一般为1.5％。桥面纵横坡主要是为利于排水而设置。

线路平面圆曲线半径应根据车辆类型、地形条件、运行速度、环境要求等综合因素比选确定。对于A型车，正线线路曲线半径一般不得小于350 m，困难时不得小于300 m。联络线、出入线一般不得小于250 m，困难时不得小于150 m。对于B型车，正线线路曲线半径一般不得小于300 m，困难时不得小于250 m。联络线、出入线一般不得小于200 m，困难时不得小于150 m。

正线线路坡度一般不得超过30‰。困难地段可采用35‰。在山地城市的特殊地形地区，经技术经济比较，有充分依据时，最大坡度可采用40‰。联络线、出入线的最大坡度一般情况下采用40‰（均不考虑各种坡度折减值）。

2．桥面铺装层

桥面铺装层也称桥面保护层。其主要功能是保护主梁免受雨水侵蚀。桥面铺装是桥梁日常养护工作的重点，必须认真做好桥面铺装的日常养护工作。

桥面铺装常采用水泥混凝土或沥青混凝土。随着科学技术的发展，最近几年也出现了钢纤维混凝土铺装和改性沥青与SMA铺装。水泥混凝土铺装层从上至下主要由水泥混凝土（厚6~8 cm）、钢筋网、防水层（总厚1~2 cm）、混凝土整平层等几部分组成。沥青铺装层从上至下主要由沥青混凝土（厚5~8 cm）、带钢筋网的混凝土保护层（厚3~5 cm）、防水层（总厚1~2 cm）、混凝土找平层等组成。钢纤维混凝土铺装层从上至下主要由钢纤维混凝土、钢筋网、防水层、混凝土找平层等组成。常用的改性沥青可分为两类：合成橡胶类和塑性体类。SMA是一种由沥青、纤维稳定剂、矿粉和少量的细集料组成的沥青玛琦脂填充间断级配的粗集料骨架间隙而组成的沥青混合料。以钢桥面铺装为例，改性沥青与SMA铺装从上至下主要由铺装层上面层、黏层油、铺装层下面层、黏层油、防水层、黏结层、钢板防锈层等几部分组成。其中，最重要的是铺装层、防水层和防锈层。黏层油和黏结层不是独立的层次。

需要补充说明的是，桥梁荷载主要分为恒载和活载。恒载主要包括结构自重、附属设备和附属建筑自重、预加应力、混凝土收缩，以及徐变影响、基础变位的影响、土压力和静水压力及浮力。活载主要包括列车竖向静活载、列车竖向动力作用、列车离心力、列车横向摇摆力、列车竖向静活载产生的土压力和人群荷载。桥面铺装一般作为结构自重参与桥梁设计计算，认为其本身不能受力，不做受力计算。

为使铺装层具有足够的强度和良好的整体性（能起联系各主梁共同受力的作用），

一般宜在混凝土中设置直径为 4~6 mm 的钢筋网，受力钢筋的保护层厚度为 3~5 cm。

铁路桥隧建筑 20 世纪 50—70 年代普遍采用热沥青麻布防水层。80 年代以后，北京丰台桥梁厂和有关单位研制成的"二布三涂"和"薄膜加筋"冷作防水层，已得到了广泛的应用，并纳入了部标（TB1933.1-1987，TB1933.2-1987）。

冷作防水层通常有两种结构的规格，一种为"二布三涂"，另一种为"薄膜加筋"。"二布三涂"由两层中碱玻璃纤维布和三层再生橡胶沥青防水涂料组合而成；"薄膜加筋"是由聚乙烯薄膜、中碱平纹玻璃纤维布、再生橡胶沥青防水涂料经专用设备热粘复合而成的一膜一布两涂柔性防水卷材。冷作防水层的最大优点，是使施工现场减少了熬制沥青的工序，改善了环境和工人的劳动条件，加快了施工进度。

在城轨桥隧建筑上，水泥混凝土铺装较为普遍，其耐磨性能好，适合重载交通，但也有养护期长、修补麻烦的缺点。

水泥混凝土铺装层的主要缺陷见表 2—1。

表 2—1　　　　　　　　　　水泥混凝土铺装层的主要缺陷

名　称	内　容
裂缝	有网裂、纵横缝等
脱皮、露骨	表层脱皮或局部破损露骨
高低不平	在接头部位产生高差
磨光	铺装层被行驶的车辆磨耗，形成平滑状态

（1）裂缝最为常见。可将裂缝分为大面积裂缝和局部裂缝两类。

1）大面积裂缝。大面积裂缝一般呈均匀分布的龟状细裂缝，通常是在水泥混凝土板铺装过程中，由于表面整修收水不当、气温较高、养护不周等原因，导致混凝土板表面因失水过快而引起的表面收缩裂缝，这种裂缝一般只是深入混凝土表面几毫米，不会随时间延长而发展。另外由于混凝土材料的不稳定，如采用的材料产生了碱集料反应等原因，也会引起铺装层大面积开裂，裂缝呈不规则状况，有些会引起翘曲等。

2）局部裂纹。局部裂缝一般分为施工时产生的初期裂缝和使用后产生的纵横向裂缝、板角裂缝和结构附近裂缝等几种。纵横方向和板角处的裂缝均为贯通裂缝。初期裂缝产生的原因一般是水泥混凝土硬化过程中表面砂浆沉降开裂和早期混凝土塑性收缩而产生的开裂，其长度一般为几厘米到几十厘米。

（2）当水泥混凝土铺装层出现磨光、脱皮、露骨或破裂等缺陷出现，通常采用以下两种方法进行维修。

1）原结构凿补。将原水泥混凝土铺装层的表面凿毛，并尽可能深一些，使集料露出，用清水冲洗干净并充分湿润，再涂刷上同强度等级的水泥砂浆（或其他黏结材料），最后铺筑一层 4～5 cm 厚的水泥混凝土铺装层（在桥梁荷载能力容许的前提下）。

2）全部凿除，重筑铺装层。桥面铺装层如已严重损坏，可采用全部凿除，重筑铺装层的方法修补。新铺的面层可采用普通水泥混凝土，也可采用钢筋混凝土等其他材料。对于钢筋混凝土桥，一般宜用强度等级为 C30 的混凝土；对于预应力桥，一般宜用强度等级为 C40 的混凝土。桥面重新铺装的铺装层厚度宜采用 10～12 cm。

3. 桥面铺装防水涂料

在大规模的桥面铺装中，常见的防水涂料有 JBS 环保型桥梁防水涂料、SBS 改性沥青桥面防水涂料和 FYT-1 改进型沥青防水涂料等。

JBS 环保型桥梁防水涂料是以多种橡胶共同复合对沥青进行改性，配制而成的聚合物改性沥青防水涂料。该产品无毒、无味、无环境污染，冷施工；最主要的优点是改性沥青中的橡胶形成连续网络而互相贯穿、交联，使改性呈现出高聚物性能；涂膜干后，保持橡胶弹性，低温柔性；抗剪切力强，能经受桥面长期荷载抗压的要求，可防止渗水造成结构破坏。

SBS 改性沥青桥面防水涂料是采用石油沥青为基料，以 SBS 为改性剂并添加多种辅助材料配制而成的冷施工防水涂料。具有防水性能好、低温柔性好、延伸率高、黏结力强、施工方便等特点。

FYT-1 改进型沥青防水涂料属桥梁专用防水材料，该涂料耐高温可达 180℃，耐低温达 -40℃，扩大了应用特殊气温环境的要求。该涂料是水乳型涂料，分散效果好，产品粒径小。

桥面防水涂料执行的标准是《路桥用水性沥青基防水涂料》（JT/T 535—2015）和《道桥用防水涂料》（JC/T 975—2005）。

防水涂料涂刷前应对基层做好处理工作。基层表面应压实平整，采用水泥砂浆找平层时，必须充分养护，不得有酥动、起沙、起皮现象，应符合设计要求。为提高防水层和沥青混凝土的铺装层同混凝土面板之间抗剪切强度，混凝土面板需进行拉毛处理，以提高防水层和沥青混凝土铺装层同混凝土截面嵌锁力和摩阻力，从而使桥面在车辆行驶后长时间不出现起皱、裂缝。桥面必须清理干净，不得有杂物和灰尘，以免影响黏结强度。防撞墙拆模后，应彻底清除防撞墙和混凝土桥梁交接部位的模、钢筋铁丝等杂物。桥面含水率不应大于 10%。

防水涂料在施工时应注意：施工前应将棕刷、毛刷充分浸润，使其柔软涂刷流畅。

气温低于0℃或高于35℃不得施工（应避免高温施工）。储运温度以5~35℃为宜。应选择4 h内无雨雪天气施工。为达到良好的防护效果，应至少涂刷两遍涂料。一般面层用量为每平方米1.5~3 kg。

在轨道交通桥梁的日常维修中，常用快封104等防水涂料。快封104是双组分水泥基防水涂料，由专门合成的树脂乳液与掺加优级填料的水泥组成，有弹性，可涂布在任何一种基面上。其独特的化学结构使得涂层具有呼吸性，即水蒸气可透过涂层，而水不能透过。本产品可桥接发丝状裂缝，防水，耐磨，耐气候老化，无毒，可在潮湿基面上施工，可作背水面防水层。快封104应用范围广泛，除用于桥梁桥面防水，还可用于花坛、地下室墙面、电梯通道、可覆盖护墙板与板条之间的接缝和靠海地区混凝土结构的防护等。

技能要求

桥面抄平作业

操作要求

1. 确定的桥面坡度需符合设计要求；增铺的应根据桥面荷载进行核算。
2. 对桥面的基面需清整干净，凿毛时注意操作安全，界面清洁凿毛时，应确保基层达到坚硬、清洁、干燥、无油脂。
3. 水泥砂浆配比准确，抄平施工时符合坡度要求。
4. 抄平后要进行洒水养护。
5. 正确使用工器具，施工最低气温不得低于5℃。

操作步骤

步骤1 定坡设计

（1）根据积水面积、现场既有坡度情况确定找坡坡度。

（2）现场进行坡度标记。根据设计的坡度，计算出横截面上桥面中点与边缘的高度，然后在对应位置立上短钢筋（或砖块等）到计算高度，然后拉线作为标记。也可使用激光投线仪。

步骤2 基面凿毛处理

（1）维修部分边缘位置垂直切割，使垂直边缘至少有1 cm的接触边界。

（2）维修区域表面凿毛。

（3）用高压风机冲洗凿毛界面。基层应达到坚硬、清洁、干燥、无油脂。

步骤3　布设钢钉、铁丝网

（1）在处理清洁的界面上布设钢钉，用锤子直接将 2.5 cm 长的钢钉打入 1.5 cm，钢钉横竖间隔 10 cm。

（2）待基层彻底干燥后，用滚筒在界面上涂刷界面剂，对高吸收的基层可以涂刷两遍。

（3）立即铺设钢丝网，铺设面积大于找坡面积的 3/5，使其与界面剂充分接触。

（4）待表面风干即可进行下道工序的施工。

步骤4　找坡施工

（1）配制 1∶2 水泥砂浆。

（2）用泥刀将修补砂浆涂抹到已处理完毕的待修界面上，施工时应用力压抹，确保完全黏结，防止出现蜂窝和孔洞。

（3）对垂直边缘的边角用泥刀将砂浆批往中心，并在初凝时，用干净的泥刀按要求获得相应的排水坡度。

步骤5　成品养护

确保在 3 天内进行适当的浇水养护。

作业验收

1. 界面清洁凿毛时，基层应达到坚硬、清洁、干燥、无油脂等。
2. 垫层抹平无坑洼，与原混凝土结构联牢。
3. 防水层平顺密实，与边墙及泄水孔衔接严密，无渗漏现象。
4. 保护层厚度不小于 30 mm，坡度不小于 3%，压实抹平，无裂损和空鼓。

铺装桥面防水层作业

操作要求

1. 本作业针对局部桥面防水层破损、空鼓等的重新铺装作业。
2. 铺设防水层前对桥面应实施找平。
3. 防水层施工前基面清理需平整干净、无污物。
4. 防水层选择需符合现场实际情况，涂层必须均匀。
5. 在涂层干燥前不得踩踏碰擦，涂后要进行喷水养护。
6. 正确使用工器具。

操作步骤

步骤1 选定作业区域，一般为包含破损位置的矩形区域，然后对桥面基面进行清理。

步骤2 如基面不平整需进行找平作业。

步骤3 铺装防水层。

步骤4 进行适当的洒水养护。

步骤5 施工完成后工完场清。

作业验收

1. 界面清洁凿毛时，基层应达到坚硬、清洁、干燥、无油脂等。
2. 垫层抹平无坑洼，与原混凝土结构联牢。
3. 防水层平顺密实，与边墙及泄水孔衔接严密，无渗漏现象。
4. 保护层厚度不小于30 mm，坡度不小于3%，压实抹平，无裂损和空鼓。

2.2 桥跨作业

学习目标

✓ 了解桥下检查的要求
✓ 掌握钢梁涂装步骤及要求

知识要求

2.2.1 桥下检查

桥下检查主要为定期检查。

各工区应建立检查记录簿，并按规定认真填写，保证数据准确可靠，为状态分析评定和编制维护工作计划提供依据。

为保证检查的精度，应配备必要的检查工具和仪器。

对普通桥梁桥下部进行检查，每半年一次，主要检查圬工梁体或墩台有无裂缝或裂缝有无发展；钢梁是否锈蚀；跨路跨河桥的限高防护架或防撞设施是否变形或损坏；泄水管有无损坏缺失；外装饰板有无损坏、脱落等。

对特殊桥梁（如钢梁桥、结合梁桥、系杆拱桥、斜拉桥和经常被社会车辆撞击的桥梁等）的桥下每月均检查一遍。

在秋季应对桥梁进行全面检查，据以拟订病害整治措施，安排设施改善计划，确保行车安全。

2.2.2 钢梁涂装

桥梁钢梁架设在江河之上，钢铁在较高湿度下，加上不同自然环境条件，例如湿热霉菌、梅雨、盐雾、干寒低温、低洼盐碱、风霜雨雪、工业区化学气体腐蚀等影响，钢梁会遭受侵蚀锈毁。要选择钢梁涂料，首先应根据桥址环境加以研究，不能千篇一律采用某一种漆。因为涂料的性能多种多样，只有考虑涂料的一般用途和特殊用途，才能达到防止钢铁锈蚀和户外耐久性能的目的。

钢梁使用的底漆、中间漆和面漆三者的关系要配合好才能达到涂装效果。例如桥门架经常接触火车煤烟中的硫化氢气体；铁路纵横梁上盖板终年在阴湿之下，常年承受车辆通过时桥枕的摩擦；有些钢梁构件长期泡在水中；还有公路、铁路两用桥或混凝土与钢梁的结合梁，水泥被水溶化、碱性液体将被涂的油漆皂化等；对于上述钢料只涂一种漆不行，例如单纯涂环氧树脂漆或过氯乙烯漆，层次之间附着力不好，应采用中间层漆加以解决。配套用漆的目的是使涂料取长补短，解决漆与漆之间互溶性、漆与物体之间的附着力和耐久性的问题。

1. 底漆（防锈漆）

防锈漆种类很多，它们由漆料、防锈颜料、体质颜料和一定辅助成膜物质组成。不同的防锈颜料制成的防锈漆涂到金属表面起着不同的物理和化学作用。因此，将其分为物理性防锈颜料和化学性防锈颜料。在防锈漆中，适当配合一些体制颜料（又称填充料），可以改善漆膜的附着力，调整 pH 值，抗沉降，转化某些腐蚀介质等；漆料内的一些添加剂可以改善漆膜的抗起泡性和耐候性。

常见的底漆有红丹防锈漆、云母氧化铁防锈漆（又称云铁防锈漆）、无机富锌防锈漆和有机富锌防锈漆等。

2. 面漆

钢梁经过表面处理后，预涂磷化底漆和 1~3 道防锈底漆，再涂中间漆或面漆。面漆是保护桥梁钢铁的第一道屏障，其遮盖力强，附着力牢，耐候性久，耐光性好，光亮度大，具有不透气性与不透水性，起到屏蔽保护钢铁的作用。

桥梁钢梁涂装采用的是户外用漆，要求耐大气性和耐久性强，要做人工老化试验和暴晒试验，检验观察面漆是否能耐户外各种条件。

常见的面漆有醇酸树脂磁漆、酚醛树脂磁漆、环氧树脂漆和聚氨酯耐磨漆等。

3. 面漆与底漆的搭配

我国铁路桥梁钢梁，对新钢梁的初始涂装或既有钢梁整孔重新涂装，所采用的涂装体系有五类。

（1）钢梁大面积部位涂装体系

1）红丹酚醛底漆或红丹醇酸底漆，锌铝醇酸面漆或云铁醇酸面漆。

2）环氧富锌底漆或无机富锌底漆，磷化底漆中间层或环氧云铁中间层，锌铝醇酸面漆或云铁醇酸面漆。

（2）不同腐蚀环境下，钢梁热喷锌涂装，密封锌镀层为在热喷锌后刷涂一道磷化底漆，再刷一道 C01-7 醇酸清漆。当大气环境呈酸性或碱性、金属易直接遭受化学腐蚀时，需在喷锌镀层上覆盖涂料层，即为锌黄酚醛底漆一道（也可涂装磷化底漆或环氧云铁底漆中间层，但不得使用红丹底漆）和锌铝醇酸面漆或云铁醇酸面漆两道。

（3）纵梁、上承板梁、箱梁上盖板顶面采用的涂装体系

1）棕黄聚氨酯底漆，银灰聚氨酯面漆。

2）热喷锌，棕黄聚氨酯底漆，银灰聚氨酯面漆。

（4）铆接梁板层间涂红丹防锈漆一道。栓焊梁连接部位板层间应热喷镀铝镀层或喷涂 78-2 无机富锌漆一道。栓焊梁连接处外露部位，可按钢梁大面积部位涂装体系 Ⅱ 进行。

（5）箱形梁内部涂装低溶剂（溶剂含量在 20% 以内）环氧沥青厚浆底漆和低溶剂环氧沥青厚浆面漆各一道，每道干膜厚度为 125 μm，涂层总厚度不低于 250 μm。

总之，钢梁各部涂装体系可结合实际情况选择。

4. 涂层涂装道数和厚度要求

漆膜要有一定的厚度才能有一定的保护能力，涂一层的保护能力没有涂多层的优良。所以目前油漆施工大多数涂装多层。现在钢梁一般采用喷涂防锈底漆两道和面漆三道，干膜总厚度为 200~250 μm，即每道为 40~50 μm。个别易损部位（如上盖板）还要求增加遍数，使总厚度更厚一些。某一种油漆，其干膜厚度与涂刷时未成膜前湿膜厚度之比，称为该油漆的成膜率，一般在 70% 左右。

桥梁厂新制钢梁，因制造完毕到工地架设安装通车，相隔时间有的达数年之久，故在杆件出厂以前，除进行彻底除锈涂刷两道防锈底漆和一道面漆外，对铆合杆件节点板束内面，最好在拼铆前，涂红丹底漆一道，以防锈蚀。

5. 稀释剂选用

油漆的品种不同,所使用的稀释剂也各不相同。通常油性漆采用松香水或松节油,醇酸漆采用二甲苯或醇酸稀料,虫胶漆(即洋干漆)采用酒精,硝基漆(即喷漆)采用香蕉水,环氧树脂漆采用丙酮或环氧稀料,聚氨酯桥板漆采用二甲苯及无水环己酮。严禁用煤油、汽油、柴油作为桥梁用漆的稀释剂。

稀释剂只在油漆过稠时使用。使用量一般应按油漆厂对该种油漆规定的限度以下掺加。但由于气候和施工方法(热喷或冷喷)的不同而不同,须视实际情况确定。因为稀释剂仅为满足施工操作需要,所以要尽量少加或不加。除油漆厂规定允许外,一般桥梁用漆掺加稀释剂不宜超过油漆质量的2%。

6. 涂装的施工条件和要求

钢梁油漆涂装除要满足其技术条件外,还要达到涂装的施工条件和要求,见表2—2。

表2—2　　　　　　　　涂装的施工条件和要求

序号	内　　容
1	温度不低于5℃。温度太低,油漆增稠,过多加入稀料损害漆膜质量;温度过低,钢梁表面水分潮气不易散发,钢梁下部和缝隙更难擦干,致使漆膜与钢梁表面或漆膜间附着不牢,造成脱皮。夏季最好避免阳光直射施工物件,可在背阴处进行
2	有雨、雾、雪和霜时,不宜涂漆,相对湿度不大于80%才能涂装。因为湿度过大、附着力不好,还容易造成漆膜失光等弊病。温度过低,湿度过高,还影响漆膜的干率
3	大风天气不宜涂漆。因风大喷涂困难,浪费油漆;漆膜无法喷匀且易黏附灰尘,造成油漆质量不良
4	当钢梁除锈完毕后,应在不超过8 h(湿度较大时,2~4 h)内,尽速涂头道红丹底漆,并应于当日喷涂完毕。涂漆前应清扫钢梁表面,并最好用干净布蘸松节油或松香水擦拭干净
5	底漆充分干燥后,才允许涂次层油漆,其间隔时间,视当时施工条件和油漆性能确定。一般不应少于48 h,同时第一、第二两道红丹底漆间隔时间也不应超过7天,第二道红丹底漆干后,应尽快涂第一道面漆,要避免红丹长期暴露在大气中
6	进行次一道涂漆前,应用铲刀将表面上灰尘杂质铲除干净,然后用00号砂纸轻轻打磨后再喷,使每层油漆黏结牢固。第一道底漆喷涂后不得露出下面的钢料,上层喷涂后不得露出底层的油漆
7	为了便于检查所涂油漆的质量,二道面漆也可采用深浅不同的颜色来加以区别。每道应尽量做到喷涂均匀,不得有缺漏、皱纹、流挂,更不应有脱落揭皮的现象
8	在经受烟熏、落煤灰和蒸汽影响的部位,涂油作业应在较长的间隔时间内进行,必要时,应遮挡尚未干燥的油漆
9	钢梁油漆完毕后将涂装日期、施工方法、漆膜厚度和所用油漆品种等标志在显著部位,以观察其耐久性,并恢复钢梁上原有的各种标记

7. 手工涂装与喷射涂漆

油漆的防护效果要在干燥成膜之后才能得到。所以，只有质量优良的油漆材料和细致地进行钢梁表面处理，以及掌握合适的施工条件，进行良好涂装，才能得到理想的防护效果，所以钢梁油漆的施工涂刷必须强调质量。

（1）手工刷涂。这是一种比较传统而且普遍的施工方法。其特点是设备简单，操作方便，灵活性大。其缺点为手工劳动，生产效率低、慢，漆膜往往有粗粒和刷痕，对一些快干和涂刷性能差的油漆不适宜手工刷涂。

漆刷是刷漆施工的主要工具。根据不同的施工对象可以选择不同尺寸、不同形状的漆刷。漆刷按形状大致可分为圆形、扁形和歪柄形 3 种；按制作材料可分为硬毛刷（以猪鬃制）、软毛刷（用狼毫、羊毛制）两类。

手工刷漆的施工质量，主要依靠操作者的熟练程度和施工技巧。一般手工刷涂的操作方法：先将油漆均匀地散涂在钢梁表面上（俗称墩油）或刷成 S 形，然后横刷、竖刷，自上而下、自左而右，先难后易（线脚、角落部位先刷），依次刷匀。漆刷蘸漆不宜过多，蘸漆深度以刷毛的 1/3～2/3 为宜。刷涂时操作要敏捷，厚薄要均匀合适。但是一般涂刷一次不宜过厚，否则容易发生皱皮现象。油漆施工黏度要根据温度变化调节。漆液太稀，易流挂，盖不住底；太稠，不易刷匀，影响干燥。

对钢梁的附件也可以用丝头蘸油漆用手搓刷，对栏杆扶手等在用丝头搓涂后，可用漆刷拉平修整。

对钢梁杆件之间的狭小间隙部位和相互交叉的隐藏处所，或同一根杆件中，由于型钢铆合组拼存在的窄缝处所，因其隐藏，施工困难，要特别注意除锈和油漆质量。该处的涂油工作要根据实际情况，自行制作各种尺寸的小麻刷进行，并要防止漏涂或露底。

（2）喷涂原理和常见机具。利用压缩空气在喷枪处产生的负压，将漆流带出并分散为雾状，涂覆于钢梁表面上，这是目前最常用的一种施工方法，它的最大特点是操作比较轻便，工效高（比刷涂可快 5～10 倍），漆膜平整光滑，适用于不同尺寸的钢梁表面。其缺点是油漆的利用率低，溶剂易挥发，不经济。喷漆时，漆雾大，影响工人健康。

热喷涂是将油漆预热到一定温度（根据不同油漆温度也不同）再喷涂，由于加热升温，降低油漆黏度，减少掺入油漆的稀料，因而能提高油漆质量。

喷漆油漆除供风系统外，其他主要机具还有三种。

1）喷漆枪。一般使用 PQ-1 型和 PQ-2 型。由于漆罐储油量小，不适于大面积施工，可以把它除去，改由压力喷漆桶供油。喷漆枪主要可分为扁嘴式、对嘴式、压下式三种。

2) 压力喷漆桶。利用风压将已调好黏度适合的油漆,通过 φ8 mm 胶管送到喷漆枪上。

3) 油水分离器。油水分离器能去除压缩空气中的油脂和水分,保证漆膜质量。

喷涂操作方法:喷漆前,油漆要搅匀,用 140 目以上的筛子过滤去除漆皮和粗粒,根据不同品种的油漆,调整到适合的黏度,空气喷漆压力一般以 0.3~0.5 MPa 为好。喷枪与钢料表面的距离要适当,以 15~25 cm 为宜,喷枪与物面应保持正确垂直的角度。喷漆采用横喷或纵喷,每次压叠一半,喷漆速度必须前后均匀一致,不能时快时慢,每喷到两端时必须关风以防端头流挂。喷漆时要特别注意钢梁杆件边角部位及其他隐蔽处所。这些地方最易漏喷或漆膜过薄产生锈蚀。

2.2.3 焊缝连接

钢桥中部件的连接方法主要有铆钉连接、螺栓连接和焊接三类。其中普通螺栓连接使用最早,约从 18 世纪中叶开始使用,至今仍是安装连接的一种重要方法。19 世纪 20 年代开始使用铆钉连接。19 世纪下半叶出现焊接,20 世纪逐渐被广泛使用,并取代铆钉连接,成为钢结构的主要连接方法,现已在钢桥的工地安装连接中被广泛使用。

焊接是现代钢桥最主要的连接方法,焊接的优点是对钢材从任何方位、角度和形状相交都能方便使用,一般不需要附加连接板、连接角钢等零件,也不需要在钢材上开孔,不使截面受削弱。因此,它的构造简单,节省钢材,制造方便,并易于采用自动化操作,生产效率高。此外,焊接的刚度较大,密封性较好。

焊接的缺点是焊缝附近钢材因焊接的高温作用而形成热影响区,其金相组织和力学性能发生变化,某些部位材质变脆;焊接过程中钢材受到不均匀的高温和冷却,使结构产生焊接残余应力和残余变形,影响结构的承载力、刚度和使用性能;焊缝可能出现气孔、夹渣、咬边、弧坑裂纹、根部收缩、接头不良等影响结构疲劳强度的缺陷。因此,与高强度螺栓和铆钉连接相比,焊接的塑性和韧性较差,脆性较大,疲劳强度较低。此外,工地焊接的拼装定位和操作较麻烦,通常需要用螺栓或销钉定位和临时固定,焊接后拆除;而且,工地焊接操作空间和焊接姿势往往受到限制,焊接作业和质量检验、检查困难,质量不易控制。因此,构件间的工地现场安装连接常常采用高强度螺栓连接,或安装螺栓定位后再焊接。

1. 焊接方法

焊接方法很多,钢桥中主要采用电弧焊和栓钉焊。电弧焊用于钢板和型钢等的连接,栓钉焊仅用于栓钉的焊接。

电弧焊是利用焊条或焊丝与焊件间产生的电弧热将金属加热并熔化的焊接方法。在焊条或焊丝一端与焊件待焊部位的一定间隙间，通电激发产生高温电弧，使电弧范围内焊件边缘部位的金属迅速熔化，形成熔融金属的熔池，同时焊条或焊丝端部也不断熔化，形成球状熔滴陆续滴入熔池。这样，被连接焊件的熔化部分的金属熔融在一起，达到原子间的冶炼结合，冷却后即成为与焊件金属力学性能相近的金属焊缝，把焊件连接成整体。为保证焊缝质量，焊接过程中需要提供或产生保护气体、焊剂或熔渣将熔融金属与大气隔离。

钢桥中常采用的电弧焊有手工电弧焊、埋弧焊和气体保护焊。其中，埋弧焊和气体保护焊一般为自动或半自动焊。

（1）手工电弧焊。手工电弧焊是钢结构制造中最常用的焊接方法，其设备简单，操作灵活，适用性和可达性强，对各种焊接位置和分散或曲折短焊缝都可适用。缺点是生产效率比自动、半自动焊低，质量稍差并且变异性大，施焊时电弧焊较强。

手工焊采用药皮焊条。药皮厚 1~1.5 mm，其作用为：稳定电弧；生成保护气体使熔融金属与大气隔离；形成熔渣（清理焊缝时铲除）覆盖于熔成焊缝表面，使之与大气隔离，并使焊缝缓慢冷却以便气体和有害杂质溢出表面；脱氧成分与氧结合后析出；合金成分改善焊缝性能。

（2）埋弧焊。埋弧焊一般为自动或半自动焊，是焊接过程机械化的一种主要方法。焊丝采用成盘连续的光焊丝，焊接时按照与熔化速度相匹配的速度自动下送。焊剂为散粒状，代替手工焊条的药皮，焊接过程中自动堆落于焊接前方，从而使电弧焊在焊剂层下进行，与大气完全隔离，焊完自动回收。自动焊通常采用焊车式或悬挂式焊机按规定速度自动均匀前进，适用于有规则（直线、圆环形等）的较长焊缝。半自动焊的焊接前进仍是依靠手持焊枪移动，较适用于不规则的焊缝或间断短焊缝。

埋弧焊的优点是与大气隔离保护效果好，且无金属飞溅，弧光也不外露；可采用较大电流使熔深加大，相应可减小对接焊件间隙和坡口角度；节省材料和电能，劳动条件好，生产效率高。其焊缝表面常呈均匀鱼鳞状，质量稳定可靠，塑性和韧性也较高。

（3）气体保护焊。气体保护焊是近年来发展起来的先进焊接方法，一般为自动或半自动焊，在钢桥中得到广泛应用。焊接时采用成盘光焊丝，围绕焊丝由喷嘴喷出保护气体，把电弧、熔池与大气隔离。操作可为自动或半自动，后者需要手持焊枪移动。保护气体通常采用二氧化碳或二氧化碳与氩、氦等惰性气体的混合气体。传统的混合气体为25%二氧化碳+75%氩,最近逐渐采用80%二氧化碳+20%氩;当对韧性要求高时采用(4%~5%)二氧化碳+(25%~30%)氩+(60%~70%)氦。

这种焊接的优点是:电弧在气流压缩下热量较集中,焊速较快,熔池较小,可减小焊扫层数和焊口尺寸,热影响区较窄,焊接变形较小;电弧可见,焊接对中容易,容易实现各位置焊接;焊后无熔渣或少熔渣。因而其生产率比埋弧焊高。此外,二氧化碳气体保护焊采用高锰高硅型焊丝(在高温下使部分二氧化碳分解为一氧化碳和氧起脱氧作用),具有较高的抗锈和还原能力;电弧气的含氢量较易控制,可减小冷裂缝倾向。它不仅可用于工厂焊接,而且可用于工地焊接。

其缺点是设备稍复杂,电弧光较强,金属飞溅多,焊缝表面成形不如埋弧焊平滑。

(4)栓钉焊(见图2—1)。栓钉是一种特制的剪力连接件,广泛应用于组合梁桥和其他钢与混凝土组合结构中。栓钉由栓头、栓杆和焊熔端三部分组成。栓头直径比栓杆大一些,焊熔端有焊剂(焊药),采用专用的焊枪焊接。因此,栓钉也被称为焊钉或大头钉。焊接时,将焊钉插入焊枪、焊熔端套入瓷环立于被焊钢板上,栓杆通电时,焊熔端自动离开钢板表面很小的一定距离并产生电弧使栓钉焊于钢板,焊完后将瓷环清除。栓钉焊也是电弧焊的一种,焊接瓷环的作用是保证栓钉焊缝挤出焊脚成形,虽然此焊脚不作为保证栓钉焊强度的条件,但却是焊缝内部是否熔合良好的标志。为此根据规范要求,栓钉焊缝四周360°都应均布挤出焊脚。保证挤出焊脚成形的瓷环型腔尺寸是焊接瓷环的关键技术要求。另外,焊接瓷环还应具有保护焊缝金属不被氧化,控制飞溅和遮挡弧光等作用。为此,对瓷环的强度、抗电弧特性、线膨胀系数等也有一定要求。

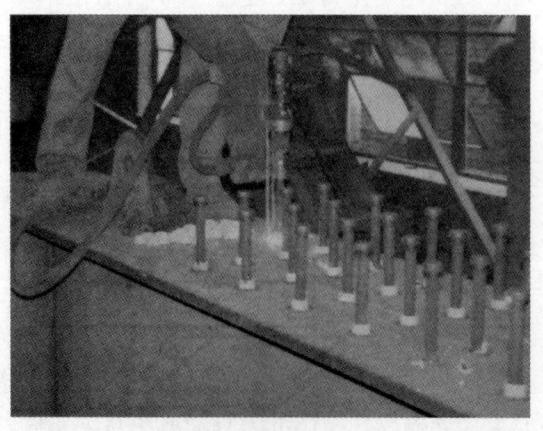

图2—1 栓钉焊

2. 焊缝连接的形式

焊缝连接中按焊体钢材的连接方式可分为对接接头、搭接接头、T 形接头、角接接头等形式，如图 2—2 所示。

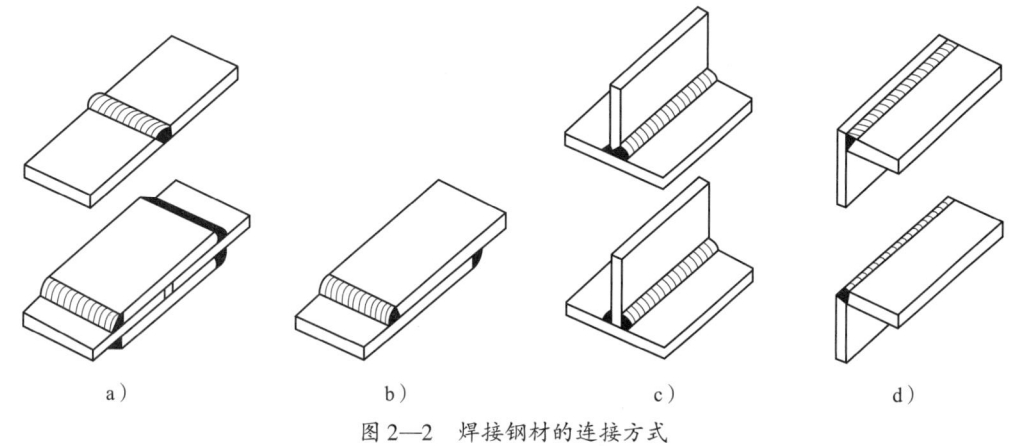

图 2—2　焊接钢材的连接方式
a) 对接接头　b) 搭接接头　c) T 形接头　d) 角接接头
上行各图——坡口焊缝　下行各图——角焊缝

在对接接头中，如果左右被连接钢材的截面完全相同，通常称为拼接。例如钢板或型钢常因供应钢材的长度或宽度不够，而需用拼接予以接长或接宽。整个构件（如梁、柱等）也常因运输或吊装条件的限制，需要在车间内分段制造，运到工地后现场或高空位置再拼接成为整体。

连接或拼接尽可能在车间或工厂进行，易于保证质量，称为车间（工厂）连接或车间（工厂）拼接，其焊缝称为车间（工厂）焊缝。当需要在工地或安装位置进行时则称为工地连接或安装连接。

焊缝连接按焊缝本身的构造分为贴角焊（Fillet Welding）、全熔透坡口焊（Full Penetration Groove Welding）和部分熔透坡口焊（Partial Penetration Groove Welding）等。

角焊缝如图 2—3 所示。仅在板件的隅角处连接，焊缝表面有凸形和凹形两种，如图 2—4 所示。凹形一般需要打磨，加工量较大，因此通常采用凸形角焊缝。但凸形角焊缝有一定程度的应力集中，要求传力较平顺和改善受力性能时可以选用凹形角焊缝。角焊缝焊脚通常做成等边长，对传力垂直于焊缝轴线方向时，也可采用不等边，其长边顺内力方向。由于应力方向垂直于焊缝轴线时（称为端焊缝），应力集中严重，疲劳强度低，因此，在钢桥中角焊缝主要用于应力方向平行于焊缝轴线（称为侧焊缝）的情况，即焊缝受剪，端焊缝很少采用。

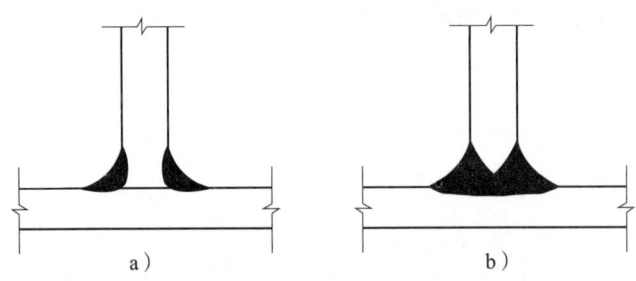

图 2—3 角焊缝和熔透焊缝
a) 角焊缝　b) 熔透焊缝

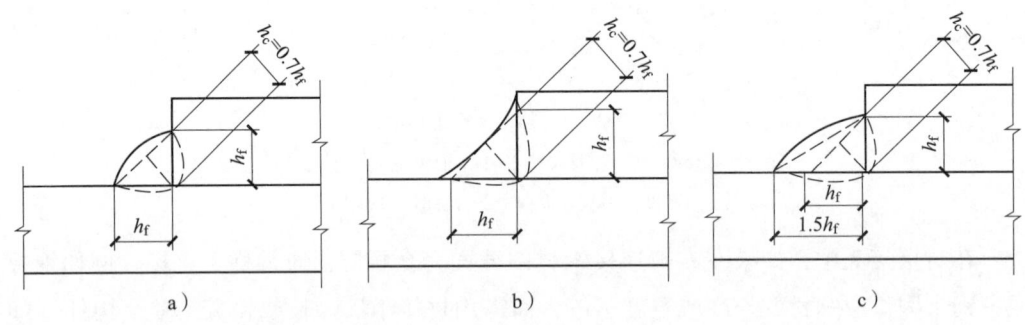

图 2—4 角焊缝的截面形式
a) 普通形（凸形）　b) 等边凹形　c) 平坡凸形

全熔透坡口焊要求板件全厚度内完全焊透，通常简称全熔透焊。为保证焊接质量，要求下料和装配的尺寸准确，当板件达到一定厚度（通常厚度大于 12 mm）时，板件边缘需要加工成适当形式和尺寸的坡口，因此，制造费用较高。坡口是为了焊条有足够的运转空间，保证在板件全厚度内焊透。常用的坡口形状如图 2—5 所示，有 I 形（即不开坡口）、V 形、U 形、X 形、单边 V 形、单边 U 形（即 J 形）、K 形等，图中同时标出手工焊时不同坡口形状的适用板厚（对于埋弧焊可以适当放宽坡口形状对板厚的适用要求）。各种坡口中，沿板件厚度方向通常有高度为 p、间隙为 b（均为 1~3 mm）的一段不开坡口，称为钝边。焊接从钝边处（根部）开始。

全熔透焊的焊缝处板件完全熔合成一个整体，传力均匀平顺，没有明显的应力集中，受力性能较好。钢板对接和焊缝受拉压应力时，一般采用全熔透焊，故也被称为对接焊缝。

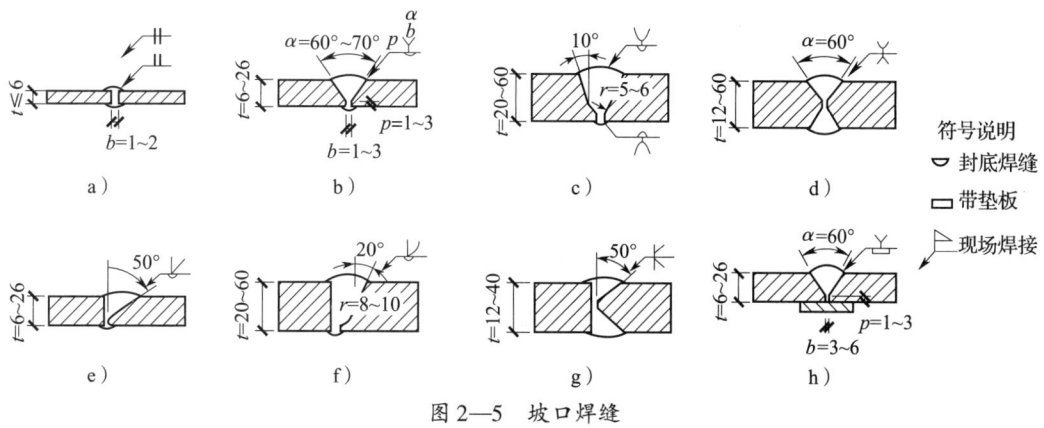

图 2—5 坡口焊缝

a) I形 b) V形 c) U形 d) X形 e) 单边V形 f) 单边U形（J形） g) K形 h) U形+衬垫
（适用于手工焊）

部分熔透坡口焊不要求板件全厚度内完全焊透，一般仅在板件的单面或双面部分适焊，通常简称部分熔透焊。部分熔透焊受力性能与角焊缝较为类似，计算方法也与脚焊缝相同，同时板边需要加工坡口，在钢板中较少采用。在斜拉桥、悬索桥的钢塔中，板件全断面受压，并且板厚很大不易完全焊透时，可以采用部分熔透焊，但是要求接头端面进行机械加工，接缝完全密贴。

按焊缝施焊时的姿态，焊缝连接可分为平焊（flat）、横焊（horizontal）、立焊（vertical）和仰焊（overhead）等（见图2—6a）。平焊有时称为俯焊，施焊方便，焊缝质量最易保证；仰焊最为困难。设计和制造时应尽量考虑使多数焊缝能在平焊或较方便的位置焊接，尽量避免仰焊。

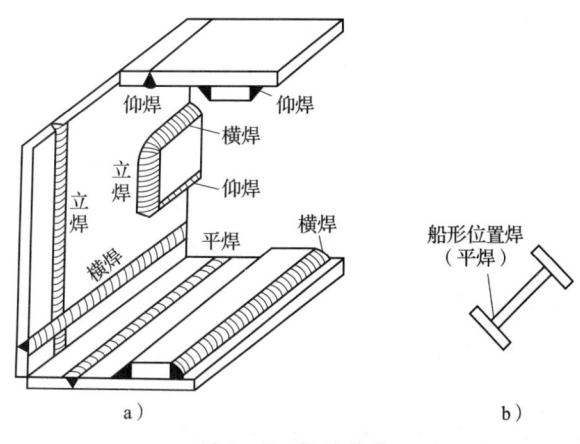

图 2—6 焊接位置

a) 平焊、横焊、立焊和仰焊 b) 船形位置焊

车间焊接时可以翻转构件，在较方便的位置焊接。I形或T形截面构件翼缘与腹板间的角焊缝，常采用如图2—6b所示的平焊位置（习称船形位置）施焊，并尽量采用自动焊。这样易于使熔深对称，焊缝成形和质量好。

3. 焊接符号及其表示方法

焊接符号在设计与施工图中的表示方法由基线、箭头线、基本焊接符号、辅助焊接符号、焊缝尺寸和特注符号等组成，如表2—3、图2—7所示。

表2—3　　　　　　　　　　　焊接符号表示法

基本焊接符号									
表面处理	角焊缝	塞焊	坡口焊						
			I形焊	V形焊	单边V形焊	带钝边U形焊	带钝边J形焊	卷边焊缝	单边卷焊缝
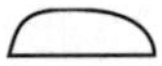 ⌒	 △	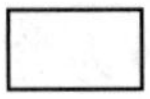 ▭	 ‖	 ∨	 ∨	 ∪	 ∪	 ⌣	 ⌣

辅助焊接符号						
衬垫	间断焊	围焊	工地焊接	辅助符号		关于其他基本辅助焊接符号，请参见 AWS A2.4：2007
				焊缝表面齐平	焊缝表面凸起	
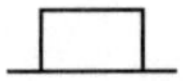 ▭	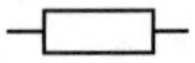 ▭	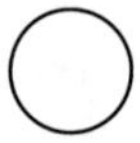 ○	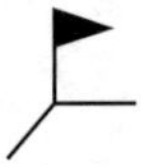 ▶	 —	 ⌒	

焊接技术的常用方法有角焊缝外还有坡口焊缝等。符号的表示方法见表2—3，现以角焊缝为例重点介绍。

角焊缝的符号表示法。钢结构图样中标注角焊缝的主要符号如图2—8所示。其中三角形符号表示角焊缝，画于引出线上方表示箭头所指处正面有角焊缝，下方表示背面有角焊缝，上下均有表示双面均有角焊缝（见图2—8a）。需注尺寸时可在三角形符号之左注明 h_f 或 h_{f1}，以mm计，l 为焊缝实际长度（见图2—8b），正面、背面焊缝尺寸相同时只注于上方即可。

图2—8c是周围角焊缝的符号，箭头只需指向其中任意一段焊缝，而把周围角焊缝的全部走向轮廓（左图粗线为示例）简略地画在三角形符号和 h_f 值之左。

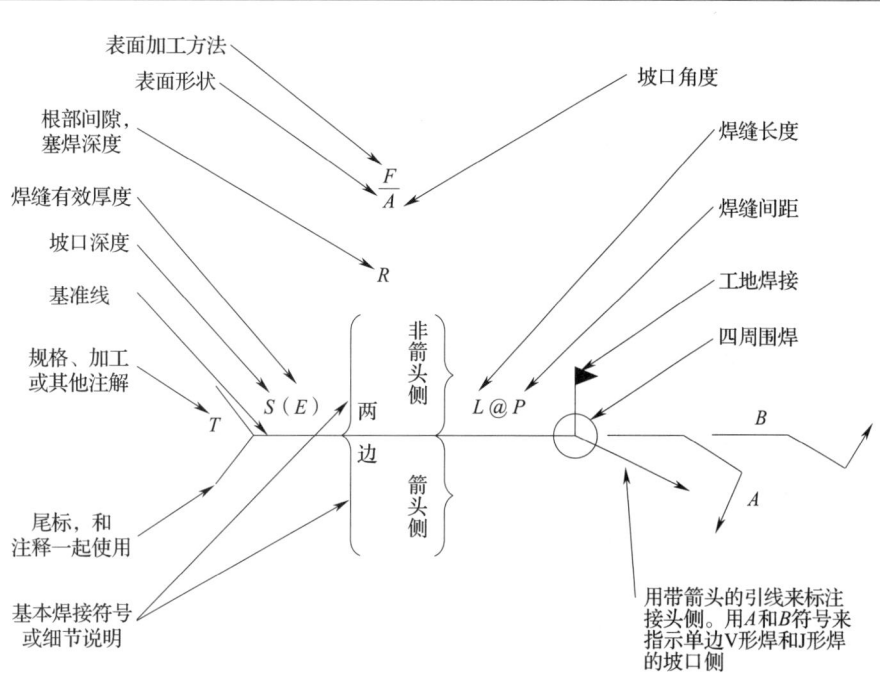

图 2—7 焊接符号各元素的标准位置

当焊缝分布不规则或为断续焊缝时，在标注焊缝符号的同时，宜在焊缝处加粗线（表示正面焊缝）、栅线（表示背面焊缝）或粗线和栅线（表示正面、背面均有焊缝），如图 2—8d 所示。

钢结构中常采用单角钢或双角钢与钢板搭接，为使搭接角焊缝的表达较为简化，常常在引出线上下方分别表示角钢背和角钢尖的焊缝情况，如图 2—8e 上图所示，其中箭头所指处的焊缝注在上方，另一侧焊缝注在下方。图 2—8e 下面两图表示槽形焊缝和单边喇叭形焊缝符号，分别为钢板凹入角钢面和角钢边为圆角情况的特殊角焊缝形式。

4. 焊缝连接的缺陷、质量检验和焊缝级别

焊缝连接的缺陷指焊接过程中产生于焊缝金属或邻近热影响区钢材表面或内部的缺陷，常见的缺陷有裂纹、焊瘤、烧穿、弧坑、气孔、夹渣、咬边、未熔合、未焊透（不包括规定不焊透者）等（见图 2—9），以及焊缝外形尺寸不符合要求、焊缝成形不良等。裂纹对受力的危害性最大，会产生严重应力集中并易于扩展引起断裂，按规定不允许出现。

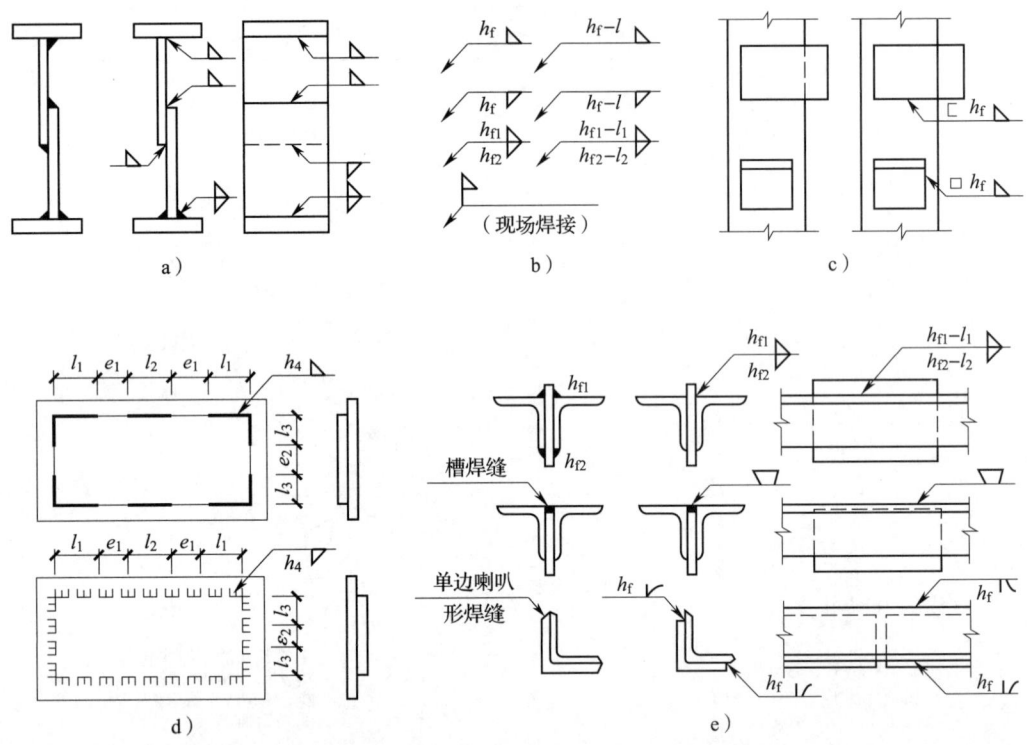

图 2—8 角焊缝的符号表示

a) 角焊缝的一般表示法 b) 带尺寸的角焊缝表示法 c) 周围角焊缝的表示法
d) 断续角焊缝的表示法 e) 其他特殊焊缝的表示法

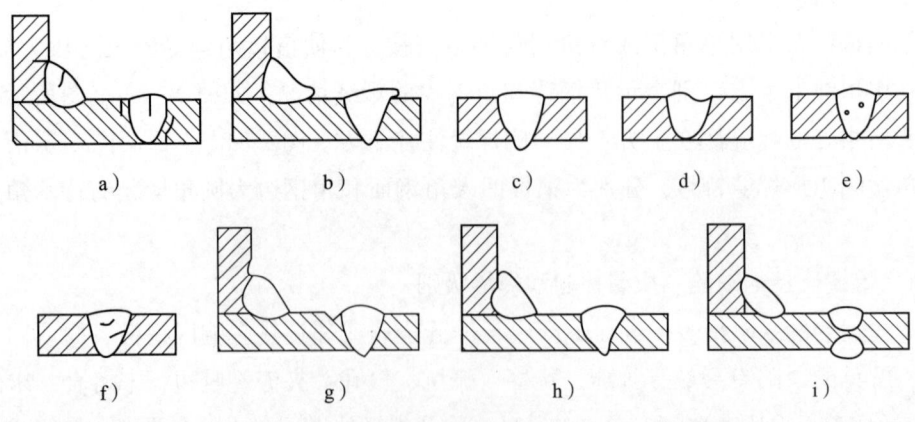

图 2—9 焊缝缺陷

a) 裂纹 b) 焊瘤 c) 烧穿 d) 弧坑 e) 气孔 f) 夹渣
g) 咬边 h) 未熔合 i) 未焊透

焊缝质量检验一般可用外观检查及无损检测，前者检查外观缺陷和几何尺寸，后者检查内部缺陷。无损检验目前广泛采用超声波检验，使用灵活、经济，对内部缺陷反应灵敏，但不易识别缺陷性质；钢板较薄时可用磁粉检验、荧光检验等较简单的方法；当前最明确可靠且应用较广的检验方法是 X 射线或 γ 射线透照或 X 射线拍片。

焊缝按其检验方法和质量要求，《钢结构工程施工质量验收规范》（GB 50205—2001）规定将焊缝分为一级、二级和三级。三级焊缝只要求对全部焊缝做外观检查，符合三级质量标准；二级、一级焊缝还要求一定数量的超声波或射线、拍片检验并符合相应级别的质量标准。

由于三级焊缝不要求无损检测，焊接质量难以保证，《钢结构设计规范》（GB 50017—2003）规定其设计值只为母材的 85% 左右。钢桥需要承受很大的活载，对疲劳性能要求较高，除角焊缝外，很少采用三级焊缝，通常要求采用二级或一级焊缝。

5．焊接残余应力与残余变形

钢材焊接时在焊件上产生局部高温的不均匀温度场，焊接中心处可达 1 600℃ 以上。高温部分钢材要求较大的膨胀伸长但受到邻近钢材的约束，从而在焊件内产生较高的温度应力，并在焊接过程中随时间和温度而不断变化，称为焊接应力。焊接应力较高的部位将达到钢材屈服强度而发生塑性变形，因而钢材冷却后将有残存于焊件内的应力，称为焊接残余应力。在焊接和冷却过程中由于焊件受热和冷却都不均匀，除产生内应力外，还会产生变形（如焊件弯曲或扭转等）。焊接和冷却过程中焊件产生的变形称为焊接（热）变形，冷却后残存于焊件的变形称为焊接残余变形。焊接残余应力和残余变形将影响构件的受力和使用，并且是形成各种焊接裂纹的因素之一，应在焊接、制造和设计时加以控制和重视。

6．减少焊接残余应力和残余变形的方法

构件产生过大的焊接残余应力和焊接残余变形多数是由于构造不当或焊接工艺欠妥。应力集中、复杂应力状态、直接动力荷载、低温等则加剧其对受力的不利影响。故应从设计和焊接工艺两方面采取适当措施。超过规定要求的变形应采用机械、人工或结合火焰局部加热进行校正。

（1）设计措施

1）尽量减少焊缝的数量和尺寸。一般采用设计所需要的焊缝尺寸，不宜任意增多或加大；搭接焊缝宜设计成焊脚尺寸适当小些而长度相应长些，以避免焊接热量过于集中。上下翼缘严重不对称的工形截面梁中，较小翼缘与腹板的连接焊缝需要较小焊脚尺寸，不必与较大翼缘一致。

2）避免焊缝过分集中或多方向焊缝相交于一点。例如桁架杆件间留一定的空隙；梁的加劲肋、翼缘板拼接、腹板拼接间错开一定距离，加劲肋内面切角以避免其焊缝与受力上较为主要的翼缘和腹板间焊缝交叉。

3）焊缝尽可能对称布置，连接过渡尽量平滑，避免截面突变和应力集中现象，如图 2—10 所示。例如宽度或厚度不同的钢板拼接时采用小于 1∶4 的坡度过渡；直接承受动力荷载结构的角焊缝采用凹形或平坡形角焊缝等。

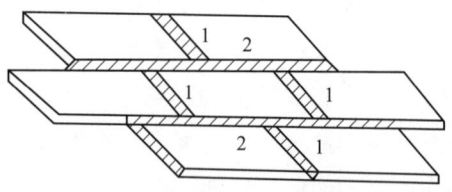

图 2—10　焊缝的布置

4）搭接连接中搭接长度大于 $5t_{min}$ 及 25 mm（t_{min} 为连接板件中板厚最小者），且不应只采用一条正面角焊缝来传力。

5）焊缝应布置在焊工便于到达和施焊的位置，并有合适的焊条运转空间和角度，尽量避免仰焊。

（2）焊接工艺措施

1）采用适当的焊接顺序和方向。例如采用对称焊，分段退焊，即分段焊接，每段施焊方向与焊接推进的总方向相反，如图 2—11a 所示。跳焊、多层多道焊等，使各次焊接的残余应力和变形的方向相反和互相抵消。如图 2—11a 所示，钢板对接为根部中间，表面各层Ⅰ、Ⅱ、Ⅲ各焊道采用不同划分的分段退焊。

2）先焊收缩量较大的焊缝，后焊收缩量较小的焊缝（例如对接焊缝的横向收缩比角焊缝大）；先焊错开的短焊缝，后焊直通的长焊缝（见图 2—11c），使焊缝有较大的横向收缩余地。

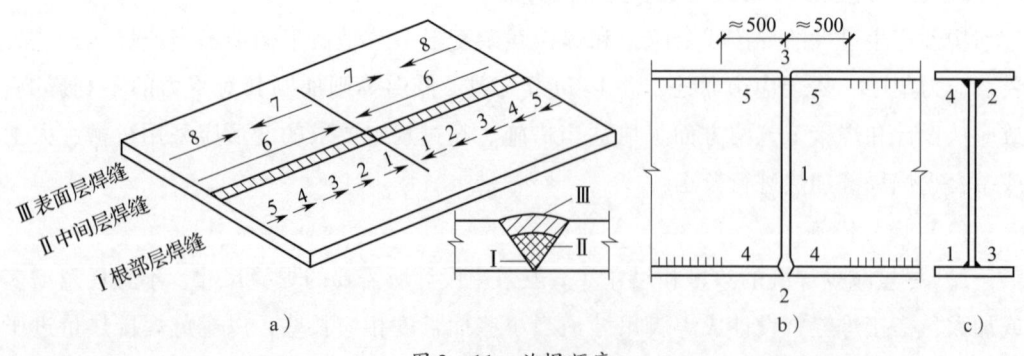

图 2—11　施焊顺序

a）钢板拼接的施焊顺序　b）工字钢的施焊顺序　c）长短焊缝的施焊顺序

3）先焊使用时受力较大的焊缝，后焊受力较小的焊缝，则受力较大的焊缝在焊接和冷却过程中有一定范围的伸缩余地，可减小焊接残余应力。例如焊接工形截面梁拼接中（见图2—11b）在拼接两侧各留出一段翼缘与腹板的角焊缝不焊，先焊腹板对接焊缝，再焊受拉和受压翼缘对接焊缝，最后再补焊预留的角焊缝。

4）预变形。即施焊前使构件有一个与焊接残余变形相反的预变形（见图2—12），以减小最终的总变形。预变形常用于 V 形焊缝和角焊缝。

5）预热，后热。即施焊前先将构件整体或局部预热至 100 ~ 300℃，焊后保温一段时间，以减小焊接和冷却过程中温度的不均匀程度，从而降低焊接残余应力并减少发生裂纹的危险。较厚钢材或温度低于 0℃ 的情况焊接时，通常应对焊缝附近局部进行预热。

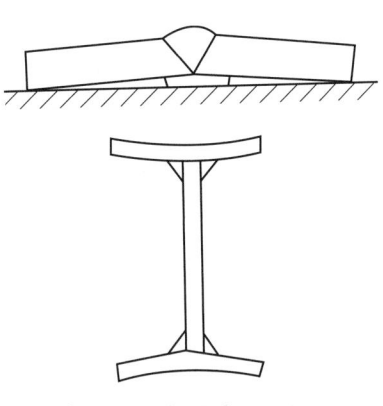

图 2—12　焊接前的预变形

6）高温回火（又称消除内应力退火）。在施焊后进行高温回火，即加热至 600 ~ 650℃（含钒低合金钢 560 ~ 590℃），保持一段时间恒温后缓慢冷却。对较小焊件可进行整体高温回火。由于加热已达钢材的热塑性温度，可消除大部分（80% ~ 90%）残余应力。对某些较大焊件有时可对焊缝附近或残余应力较大部位附近进行局部高温回火，以减小残余应力（降低峰值和改善分布）。

7）用头部带小圆弧的小锤轻击焊缝，使焊缝得到延展，也可降低焊接残余应力。

2.2.4　拱桥初步知识

拱桥是我国广泛使用又历史悠久的一种桥梁形式。拱桥在竖向荷载作用下，两端支撑处除有竖向反力外，还产生水平推力，正是这个水平推力使拱内产生轴向压力，并大大减小了跨中弯矩，使它的主拱截面材料强度得到充分发挥，跨越能力增大。根据理论推算，混凝土拱桥的极限跨度可达 500 m 左右，钢拱桥的极限跨度可达 1 200 m 左右。也正是这个推力，使修建拱桥时要有较庞大的墩、台和良好的地基。

由于拱主要是承受压力的结构，因而，可以充分利用抗拉性能差而抗压性能好的圬工材料（石料、混凝土、砖等）来建造拱桥，这种由圬工材料建造的拱桥也称为圬工拱桥。这种拱桥具有就地取材、节省钢材和水泥、结构简单、有利于普及、承载潜力大、养护费用少等优点，因此在我国修建得比较多。

为了减小拱的截面尺寸和拱的质量，在混凝土拱中配置有受力钢筋的，称为钢筋混凝土拱桥。在钢筋混凝土拱桥中，截面的拉应力主要由受拉钢筋承受。这样，桥跨结构的工程数量可相应减少，有效地提高了拱桥的经济性能，扩大了拱桥的使用范围。同时，钢筋混凝土拱桥在建筑艺术上也容易处理，它可以通过选择合理的拱式体系及突出结构上的线条来达到美的效果。

拱桥的主要缺点是：由于它采用的是一种推力结构，支撑拱的墩台和地基必须承受拱端的强大推力，因而修建拱桥要求有良好的地基；对于多孔连续拱桥，为防止其中一孔破坏而影响全桥，还要采取特殊的措施，或设置单向推力墩以承受不平衡的推力；在平原区修建拱桥，由于建筑高度较大，使桥两头的接线工程量增大，也使桥面纵坡加大，对行车不利；混凝土拱桥施工需要较多劳动力，建桥时间较长等。

1. 拱桥的基本组成

根据行车道的位置，拱桥的桥跨结构可以做成上承式、下承式或中承式三种类型，如图 2—13 所示。

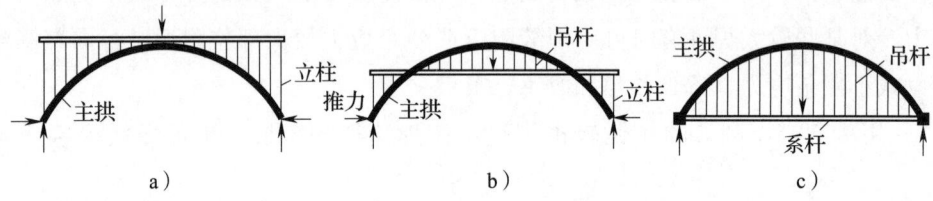

图 2—13　拱桥按桥跨结构分类
a) 上承式　b) 中承式　c) 下承式（系杆拱）

一般的上承式拱桥，桥跨结构是由主拱圈（肋、箱，简称主拱）和拱上建筑（又称拱上结构）构成。主拱圈（肋、箱）是主要承载构件，承受桥上的全部荷载，并通过它把荷载传递给墩台及基础。由于主拱圈是曲线形，一般情况下车辆无法直接在弧面上行驶，所以在行车道系与主拱圈之间需要有传递荷载的构件和填充物，这些主拱圈以上的行车道系和传载构件或填充物统称为拱上建筑。拱上建筑可做成实腹式或空腹式，相应称为实腹式拱桥或空腹式拱桥。图 2—14 所示为实腹式拱桥的主要组成部分、主要尺寸和名称。

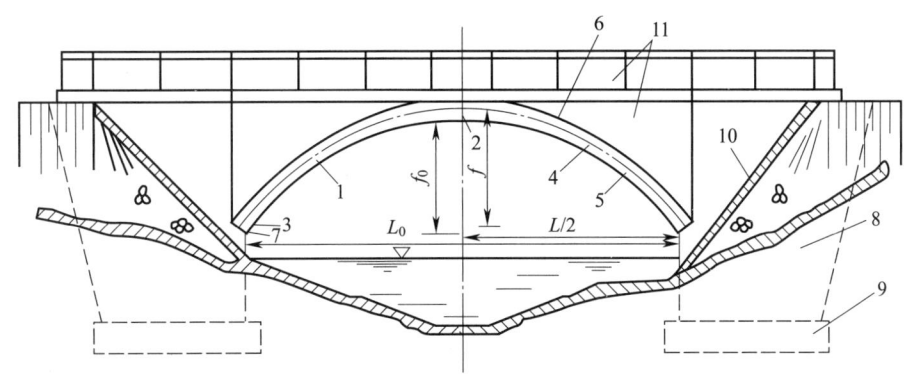

图2—14 上承式实腹式拱桥的基本组成

1—拱轴线 2—拱顶 3—拱脚 4—主拱圈 5—拱腹 6—拱背 7—起拱线 8—拱座
9—基础 10—边坡 11—拱上建筑

对于普通型上承式拱桥，主拱圈是主要承重结构，拱上建筑主要起传递荷载的作用，但在外荷载作用下，也存在不同程度的主拱与拱上建筑的联合作用。在设计计算时，其计算图式必须与实际受力情况相符，否则将出现拱上建筑开裂，影响桥梁安全使用。要保证受力计算与实际情况相符，就必须采用可行的构造措施，在拱上建筑设置伸缩缝与变形缝正是缘于此。

在荷载作用、材料收缩和温度变化等影响下，主拱圈将产生上升或下降，拱上建筑也将随之变形。除简支腹孔可适应主拱变形外，其余形式拱上结构都将因主拱变形而产生局部变形，当其与墩（台）整体相连时，则拱上建筑受墩（台）约束而不能自由变形，从而因产生过大的拉应力而开裂。为避免开裂，需将拱上建筑与墩、台分开，即设置伸缩缝或变形缝。伸缩缝宽2～3 cm，其缝内需填防水填料；变形缝不留缝宽，其缝可干砌或用油毛毡隔开。通常，对小跨径实腹式拱桥，伸缩缝设在两拱脚的上方，并在横桥向贯通。对空腹式孔，通常将紧靠墩（台）的第一个腹拱做成三铰拱，并在紧靠墩（台）的拱铰上方设置伸缩缝，如图2—15 b所示，且应贯通全桥宽，其余两拱铰上方设置变形缝。

拱桥的下部结构包括桥墩、桥台和基础，用以支撑桥跨结构，将桥跨结构的全部荷载传至地基。桥台还起与两岸路堤相连接的作用，使路桥形成一个协调的整体。

2. 拱桥的分类

拱桥的形式多种多样，构造各有差异，可以按照不同的方式来进行分类，见表2—4。

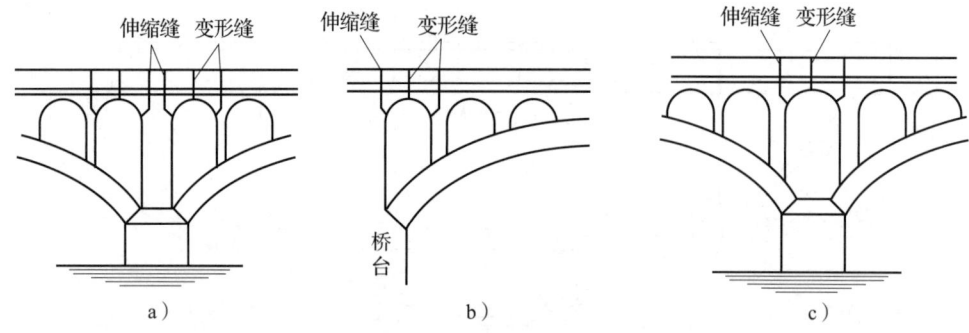

图 2—15 腹拱与墩（台）的连接
a）两拱铰上方的变形缝　b）墩（台）的拱铰上方的变形缝　c）两拱铰上方的变形缝

表 2—4　　　　　　　　　　　拱桥的分类

分类依据	种类
按照主拱圈（肋、箱）所使用的建筑材料	圬工拱桥、钢筋混凝土拱桥和钢拱桥等
按照拱上建筑的形式	实腹式拱桥和空腹式拱桥
按照拱轴线的形式	圆弧拱桥、抛物线拱桥、悬链线拱桥等
按照桥面的位置	上承式拱桥、下承式拱桥和中承式拱桥
按照有无水平推力	有推力拱桥和无推力拱桥等

3. 拱桥的体系

（1）简单体系的拱桥。简单体系的拱桥可以做成上承式的、下承式的（无系杆拱）、中承式的。其均为有推力拱。

在简单体系的拱桥中，上承式拱桥的拱上建筑或中承式、下承式拱桥的拱下悬吊结构（统称为行车道系结构），不与主拱一起承受荷载。桥上的全部荷载由主拱单独承受，它们是桥跨结构的主要承重构件。拱的水平推力直接由墩台或基础承受。

按照主拱的静力特点，简单体系的拱桥又可以分成如下的三种，如图 2—16 所示。

1）三铰拱。其结构属外部静定结构，由于温度变化、支座沉陷等原因引起的变形不会在拱内产生附加内力，计算时无须考虑体系弹性变形对内力的影

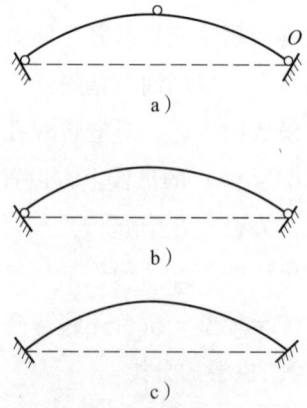

图 2—16　拱桥的静力图式
a）三铰拱　b）两铰拱　c）无铰拱

响。当地基条件不良，又需要采用拱式桥梁时，可以采用三铰拱。但由于铰的存在，使其结构复杂，施工较困难，维护费用增高。而且铰的存在减小了结构的整体刚度，降低了抗震能力。又由于拱的挠度曲线在顶铰处有转折，对行车不利。因此，三铰拱一般较少采用。

2）两铰拱。其结构属外部一次超静定结构，由于取消了拱顶铰，使结构整体刚度比三铰拱大。两铰拱在墩台基础可能发生位移的情况下或坦拱中采用，较之无铰拱可以减小基础位移、温度变化、混凝土收缩和徐变等引起的附加内力。

3）无铰拱。其结构属外部三次超静定结构，在自重及外荷载作用下，拱内的弯矩分布比两铰拱均匀，材料用量省。由于无铰，结构的整体刚度大，构造简单，施工方便，维护费用少，因此在实际中应用最广泛。但由于无铰拱的超静定次数高、温度变化、材料收缩、结构变形，特别是墩台位移都会在拱内产生较大的附加内力，所以无铰拱一般希望修建在地基良好的条件下，这使它的使用范围受到一定限制。不过，随着跨径的增大，附加内力的影响要相对地减小，因而无铰拱仍是国内外拱桥上采用最多的一种构造形式。

(2) 组合体系的拱桥。在拱式桥跨结构中，行车系的行车道梁与拱组合共同受力，称为组合体系的拱桥。

由于行车系与主拱的组合方式不同，其静力图式也不同。组合拱可分为无推力的和有推力的两类。同样，组合拱可以做成上承式的或下承式的。组合拱常用的有两种。

1）无推力的组合体系拱（见图2—17）。拱的推力由系杆承受，墩台不承受水平推力。根据拱肋和系杆的刚度大小及吊杆的布置形式可分为三种。

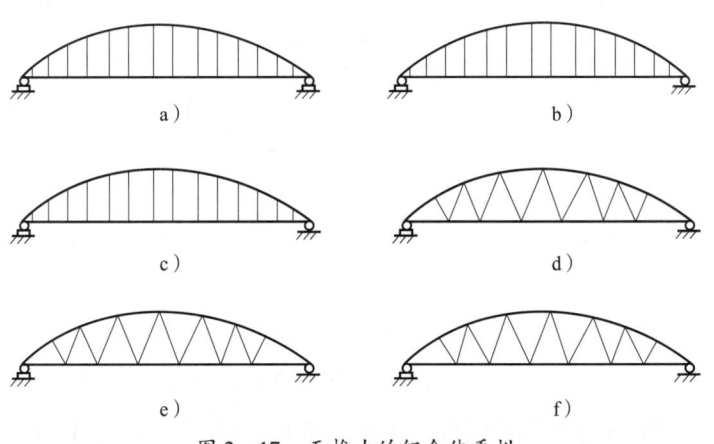

图2—17 无推力的组合体系拱

a) 系杆拱 b) 蓝格尔拱 c) 洛泽拱 d) 尼尔森系杆拱 e) 尼尔森蓝格尔拱 f) 尼尔森洛泽拱

①具有竖直吊杆的柔性系杆刚性拱，称为系杆拱，如图2—17a所示。
②具有竖直吊杆的刚性系杆柔性拱，称为蓝格尔拱，如图2—17b所示。
③具有竖直吊杆的刚性系杆刚性拱，称为洛泽拱，如图2—17c所示。

以上三种拱，当用斜吊杆来代替竖直吊杆时，称为尼尔森拱，如图2—17d、e、f所示。

2）有推力的组合体系拱。此种组合体系拱没有系杆，由单独的梁和拱共同受力，拱的推力仍由墩台承受。图2—18a所示是刚性梁柔性拱（倒蓝格尔拱）；图2—18b所示是刚性梁刚性拱（倒洛泽拱）。

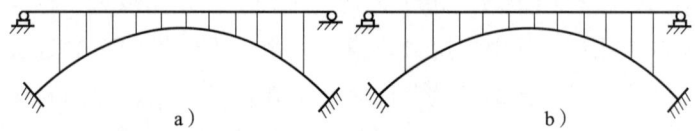

图2—18　有推力的组合体系拱
a）倒蓝格尔拱　b）倒洛泽拱

4．拱轴线的选择与确定

拱轴线是指主拱圈截面形心的连线，它与外荷载无关。压力线是指在荷载作用下，各截面合力的作用点的连线。

拱轴线的形状直接影响主拱截面内力的分布与大小，选择拱轴线的原则，也就是尽可能降低由于荷载产生的弯矩值。最理想的拱轴线是与拱上各种荷载的压力线相吻合，这时主拱截面上只有轴向压力，而无弯矩及剪力作用，应力均匀，能充分利用材料强度和圬工材料的良好抗压性能，这样的拱轴线称为合理拱轴线。但事实上不可能获得这样的拱轴线，因为主拱受到恒载、活载、温度变化和材料收缩等作用，当恒载压力线与拱轴线吻合时，在活载作用下其压力线与拱轴线就不再吻合了，又因为相应于活载的各种不同布置，压力线也各不相同。根据混凝土拱恒载比重大的特点，实际上一般采用恒载压力线作为拱轴线（设计拱轴线）。恒载比重越大，这种选择就越合理。

选择拱轴线时，除了考虑主拱受力有利以外，还应该考虑外形美观、施工简便等因素。

在拱的两端设置拉索或者梁（称为系杆或系梁）等，使得水平力互相平衡，这样的拱称为无推力拱，也称为系杆拱，适用于地基较差的桥位。目前上海城轨交通共有3座系杆拱桥，分别是3号线苏州河桥（小彩虹桥）（见图2—19）、11号线蕴藻浜桥、3号线漕溪路桥（大彩虹桥）。

图 2—19 上海地铁 3 号线苏州河桥（小彩虹桥）

跨度 25 m + 64 m + 25 m 中承式系杆拱桥

2.2.5 缆索桥初步知识

1. 斜拉桥

斜拉桥又称斜张桥，属组合体系桥梁，其上部结构由主梁、拉索和索塔三种构件组成。它是一种桥面体系以主梁受轴向力（密索体系）或受弯（稀索体系）为主、支承体系以拉索受拉和索塔受压为主的桥梁。根据国内外著名桥梁专家的研究分析，混凝土斜拉桥的最大跨径可达 700 m，钢斜拉桥最大跨径可达 1 300 m，结合梁斜拉桥（主梁为钢—混凝土结合梁）最大跨径可达 1 000 m。混凝土斜拉桥经济合理的跨径在 200～500 m。

（1）跨径布置。与索塔布置相配合，现代斜拉桥最典型的跨径布置有两种，即双塔三跨式和独塔双跨式。在特殊情况下也可布置成独塔单跨式、双塔单跨式和多塔多跨式等（见图 2—20）。

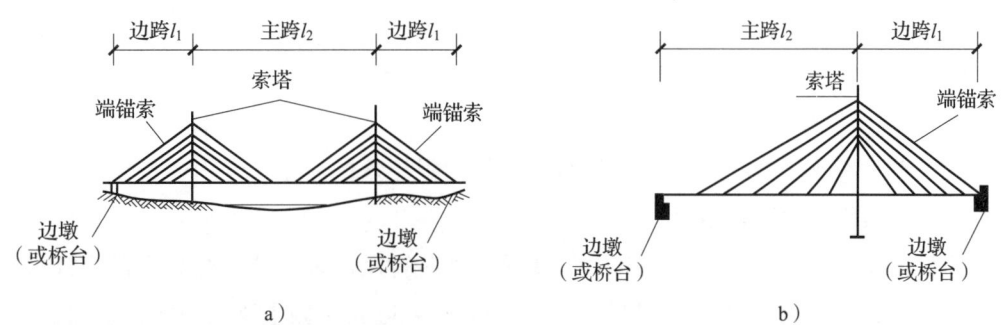

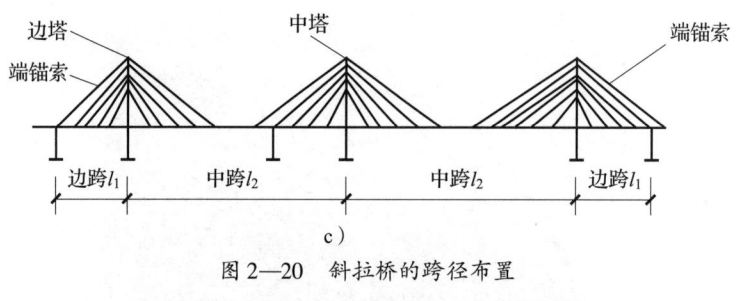

图2—20 斜拉桥的跨径布置
a）双塔三跨式 b）独塔双跨式 c）多塔多跨式

（2）拉索在空间的布置形式。由于塔、梁、索之间的连接及支撑方式不同，桥面宽度不同，索塔和主梁的形式不同，拉索索面在空间可布置成单索面和双索面，双索面又可分为竖直双索面和倾斜双索面（见图2—21）。

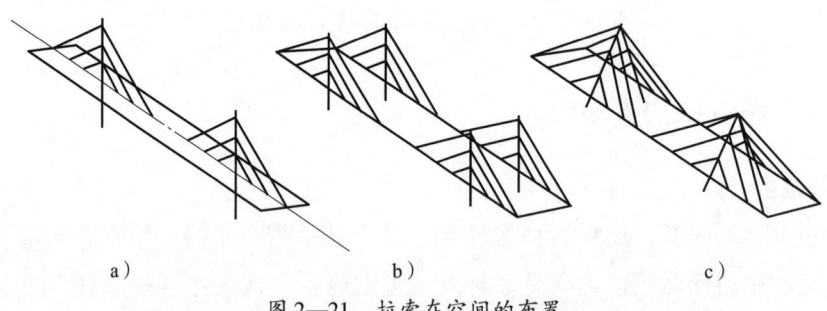

图2—21 拉索在空间的布置
a）单索面 b）竖直双索面 c）倾斜双索面

（3）拉索在索面内的布置形式。拉索在索面内的布置应根据设计总体构思、受力情况及美学要求等因素确定，常选用以下三种基本形式：辐射形、竖琴形和扇形（见图2—22）。

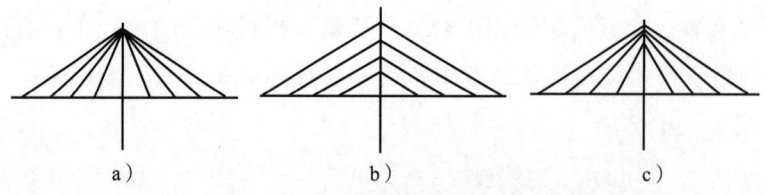

图2—22 拉索在索面内的布置
a）辐射形 b）竖琴形 c）扇形

（4）拉索索距。拉索索距是指索面内相邻两根拉索的间距。索面内拉索根数多则索距小，拉索根数少则索距大。

索面内拉索根数的多少有一个发展过程。早期斜拉桥采用拉索根数少而刚性大的稀索布置，索距达15~30 m（混凝土主梁）或30~50 m（钢主梁），相应的斜拉桥跨径也不大。稀索布置的主要优点是拉索索力易于调整到设计预期值。但由于索距大，主梁的弯矩和剪力也较大，因而需要较大的主梁高度。拉索索力相对也较大，使架设和施工较困难，拉索锚固构造也较复杂，其附近还需做大规模的补强，耗材较多。

随着斜拉桥的发展，为方便施工，减少风振危险，适应施工吊装能力及张拉条件，目前斜拉桥都趋向于索面内多根拉索布置，即拉索由早期的稀索型发展到现在的密索型布置。索面内拉索根数多，使主梁由受弯为主向受轴向力为主转变，主梁弯矩的减少使梁高降低，这样不仅取得了较好的经济效益，也大大改善了结构的动力性能，提高了结构的抗风、抗震能力，并使斜拉桥的造型更加柔细轻巧。

(5) 索塔的结构形式。索塔在顺桥向的形式有单柱形、A 形及倒 Y 形等几种（见图 2—23）。

索塔在横桥向的形式有单柱形、双柱形、门形、H 形、梯形、A 形、倒 V 形、倒 Y 形、菱形（包括宝石花形）等（见图 2—24）。

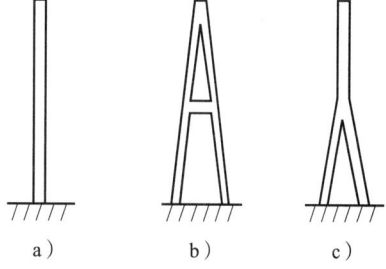

图 2—23 索塔顺桥向的结构形式
a) 单柱形 b) A 形 c) 倒 Y 形

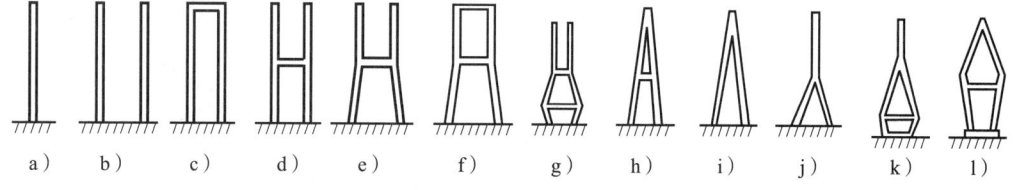

图 2—24 索塔横桥向的结构形式
a) 单柱形 b) 双柱形 c) 门形 d) H 形 e) 梯形 f) 门式 A 形 g) 分塔菱形 h) A 形
i) 倒 V 形 j) 倒 Y 形 k) 合塔菱形 l) 宝石花形

柱式塔柱构造简单，但承受横向水平荷载的能力较差。其中单柱形用于单索面，双柱形则用于双索面。门形索塔在两塔柱之间设有横梁，抵抗横向水平荷载的能力较强，一般用于桥面宽度不大的双索面斜拉桥。A 形、倒 Y 形、菱形索塔横向刚度大，但构造复杂，施工难度较大，既适用于单索面，也适用于双索面，多用于大跨径斜拉桥中。

(6) 斜拉桥的结构体系。斜拉桥是由上部结构的主梁、拉索、索塔及下部结构的桥墩（桥台）四种基本构件组成的组合体系桥梁。斜拉桥的结构体系可以根据主梁、拉索、索塔和桥墩的不同结合方式形成四种不同的结构体系，分别是：塔墩固结、塔梁分离（漂浮体系）；塔墩固结、塔梁分离（半漂浮体系）；塔梁固结、塔墩分离（塔梁固结体系）；主梁、索塔、桥墩三者互为固结（刚构体系）（见图 2—25）。

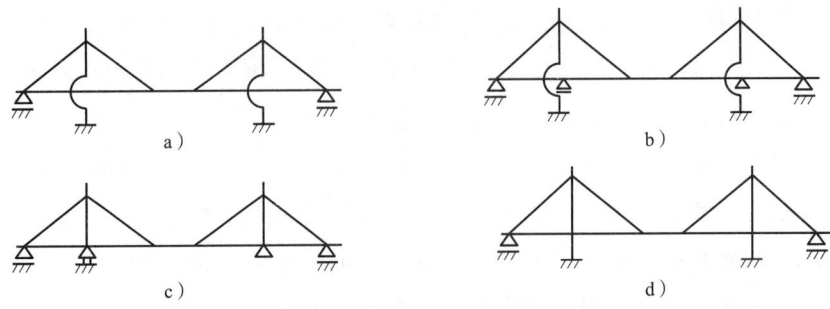

图 2—25 斜拉桥的结构体系

a) 漂浮体系 b) 半漂浮体系 c) 塔梁固结体系 d) 刚构体系

2. 悬索桥

（1）悬索桥的组成。悬索桥是由主缆、加劲梁、主塔、锚锭、吊索、鞍座等构件构成的柔性悬吊体系，如图 2—26 所示。悬索桥的主要承重构件是悬索，它主要承受拉力，一般用抗拉强度高的钢材（钢丝、钢绞线、钢缆等）制作。由于悬索桥可以充分利用材料的强度，并具有用料省、自重轻的特点，因此悬索桥是跨度 1 000 m 以上几乎唯一可选桥型；跨度 300～1 000 m 之间采用钢加劲梁也可与斜拉桥竞争。悬索桥的主要缺点是刚度小，在荷载作用下容易产生较大的挠度和振动，需注意采取相应的措施。

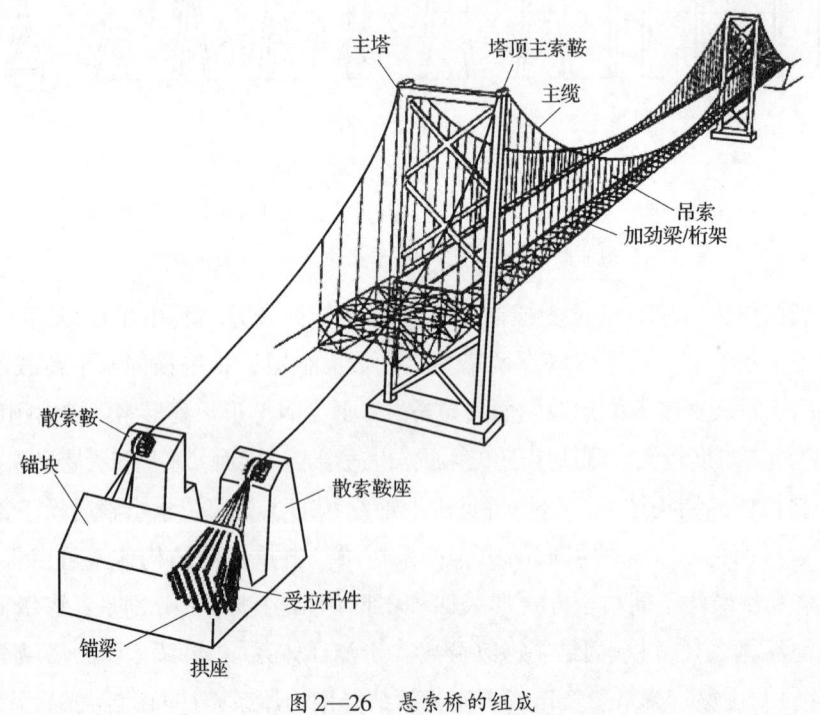

图 2—26 悬索桥的组成

(2) 悬索桥主缆锚固方式

1) 地锚式。主缆拉力依靠锚固体传递给地基，要求地基有较大承载力，如图 2—27a 所示。

图 2—27 地锚式与自锚式悬索桥
a) 地锚式　b) 自锚式

2) 自锚式。主缆拉力水平分力直接传递给加劲梁（轴向压力）承受；竖直分力（较小）由端支点承受，适用于跨度不大、软土地基、城市桥等，如图 2—27b 所示。

(3) 悬索桥的孔跨布置形式（见图 2—28）

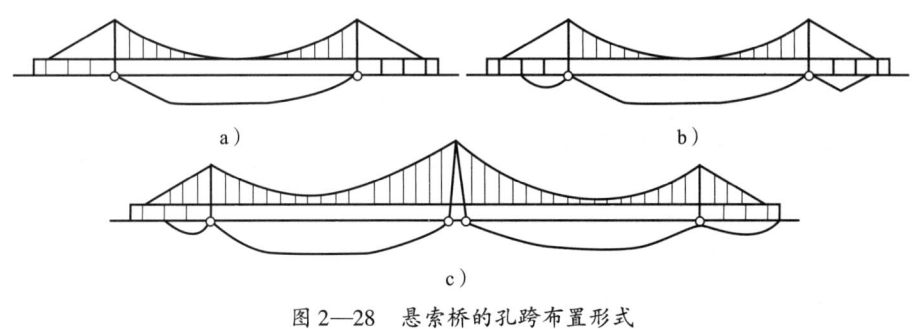

图 2—28 悬索桥的孔跨布置形式
a) 单跨　b) 三跨　c) 多跨

1) 单跨。单跨适用于边跨建筑高度小或曲线边跨。由于边跨主缆的垂度较小，对荷载变形有利，架设主缆时索鞍预偏量较大，如 1 385 m 江阴大桥。

2) 两跨（单边跨）。其适用于一岸建筑高度小或曲线边跨时。如 1 377 m 青马大桥。

3) 三跨。三跨最常见，结构特性比较合理。

4) 多跨。多跨因中间桥塔和两边桥塔的塔高不同导致主缆垂度偏大，悬索桥整体刚度降低，非均布活载下塔顶变位及加劲梁挠曲变形和弯矩较大；固有振动频率降低。故中塔必须加大刚度（4 柱立体桥塔）或者减小主缆垂跨比。

2.2.6　桥梁常见截面初步知识

目前桥梁主要采用的截面有 T 形截面、箱形截面和 U 形截面。

1. T 形截面

T 形梁是我国最广泛采用的梁式。无论是公路桥还是铁路桥，以前绝大部分的梁都采用T形梁，当然大部分是简支梁。T形梁材料几何分布与结构受力配合得最好，混凝土面积集中在受压区，受拉区仅仅是为设置预应力束的马蹄块，跨中剪力小、腹板很薄，到支座附近随着剪力增加而加厚。T形梁可在一般工厂预制，用架桥机（国内施工单位一般都有）吊装就位，非常简洁方便。

其缺点是横向刚度和抗扭刚度比较差，横向整体性也差，必须加强横隔板及梁间现浇湿接头，以提高横向刚度及抗扭刚度；对平面线形的适应性差，在曲线上一般采用折线平分中矢布置，景观较差。T形梁由于材料相对比较集中，所以刚度稍微小一点。

为增强T形梁的跨越能力，常常采用施加预应力的方法解决。若要在T形梁上设计施加预应力，则需加出下马蹄，以提供足够的预应力筋布置空间。为使结构的承载能力更强，预应力筋常为曲线布置；同时，为了保证施工质量，预应力梁一般都先在工厂预制，再运往施工现场吊装。

2. 箱形截面

箱形梁是目前国内轨道交通高架采用最多的梁式之一。其特点是建筑高度适中，力学性能好（竖向刚度、横向刚度和抗扭刚度都好），整体性好，特别适用于曲线梁桥。它既可用于标准区段，也可用于变宽、道岔区段，平面上适应性比较强；既适宜做简支梁，也可做连续梁。箱形梁外观线形比较流畅、美观，设计和施工经验比较成熟。其缺点是建筑高度较大，断面空间利用不佳。

在箱形截面中，由顶板、底板和边腹板围成的每一个闭环，称为一个"箱"；每一个"箱"内再由中腹板分成若干"室"，如图2—29所示。

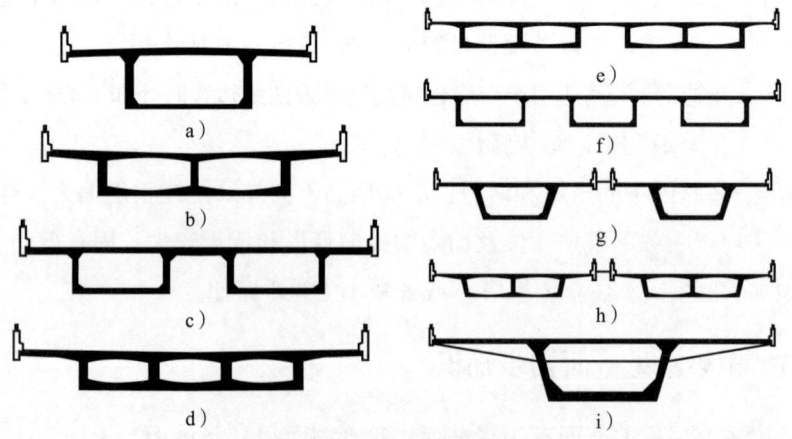

图2—29 箱形梁的箱与室

a) 单箱单室 b) 单箱双室 c) 双箱单室 d) 单箱三室 e) 双箱双室 f) 三箱单室 g) 分离式箱形截面（由两个单箱单室组成的截面） h) 分离式箱形截面（由两个单箱双室组成的截面） i) 组合箱形梁截面

3. U形截面

U形梁是一种新颖的非常有特点的梁，优点非常突出。与上承式结构相比，U形梁可以大大降低自桥面至梁底的高度，比普通箱形梁可以低1.2 m左右，其断面空间可以充分利用。当桥下净空受限制时，特别是在立交枢纽中，能有效降低线路及车站的高度，从而减少占地面积，节省大量土石方数量，取得较好的经济效益。所以U形梁是在立交桥的方案比选中具有一定优势的桥梁形式，特别是在铁路干线上更为突出。

与下承式钢梁相比，U形梁槽型有节省钢材、减少噪声、养护方便等优点。随着环保要求的提高、人性化设计的提倡，U形梁的主梁翼缘下可以安装管线；轨道交通车辆行驶于U形梁两腹板中间，轮轨走行系统的噪声受到两侧主梁上翼缘及腹板阻隔，在一定程度上减少了车辆噪声对周围环境的影响；两侧主梁能防止出轨列车倾覆下落，给行车安全提供了可靠的保证；顶板还可以作为紧急逃生通道，使乘客的生命安全更有保障。这些优点日益受到重视，因此U形梁在现代城市轨道交通中逐渐得到新的应用。

U形梁的传力体系为：车辆荷载作用在桥面板上，荷载通过桥面板传给横梁，再由横梁传给主梁，主梁实际承受下端受拉荷载，对混凝土结构而言，这是不利的受力状态，荷载除引起主梁的弯曲外，还会引起主梁的扭转，存在弯扭效应，这种开口截面抗扭刚度小，受力复杂。设计一般需布置三向预应力，与上承式梁相比存在构造复杂、自重大、施工烦琐等缺点。不过，随着近些年来的研究与实践，这些缺点已基本被克服。

技能要求

安装泄水管作业

操作要求

1. 拆除接口处残留胶水需彻底去除，以保证胶水黏结牢固。
2. 新部件应按要求做好坡口。
3. 对涂抹PVC胶水的部位要做好清洗工作。
4. 若抱箍原有膨胀螺栓失效，应重新设置。

操作步骤

步骤1 拆除坏损部件

1. 利用四折梯或高空作业车登高。

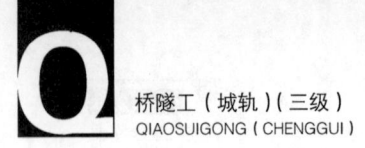

2. 松开抱箍固定螺栓，取下排水管抱箍。

3. 取下损坏部件。

4. 用砂纸打磨清除被拆除处接口残留胶水。选择一处损坏的桥梁泄水管，对旧管进行拆除。

步骤2 新部件安装固定

1. 确定所需新部件的长度，进行断管。待粘接的插口部分可用锉刀锉成15°～30°坡口。坡口长度一般不小于3 mm，坡口厚度宜为管壁厚度的1/3～1/2。坡口完成后，应将残屑清除干净。

2. 新部件应进行一次试插，插入深度不超过30 mm。

3. 清洗新部件管端外表约50 mm长度和旧管件承接口内壁，并于新部件接口处重新涂抹PVC胶水。

4. 将新部件插入旧管件，挤出的PVC胶应用棉纱擦除干净。

5. 重新固定抱箍，需要时重设膨胀螺栓。

步骤3 施工完成后工完场清。

作业验收

1. 残留胶水需彻底清除。

2. 排水管各接口黏结牢固。

3. 管内畅通，无杂物堵塞。

4. 外露部分无损坏，排水不污染梁体。

钢梁整孔除锈、涂装作业

操作要求

1. 此项作业需多人共同施工。

2. 整体除锈要全出白，局部除锈可保留底漆，现场根据具体情况确定。

3. 除锈应达到Sa2.5除锈标准，即钢材表面无可见的油脂污垢、氧化皮、铁锈和油漆涂层等附着物，仅残留点状或条纹状的轻微色斑。工作表面粗糙度可达40～60 μm。

4. 除锈钢结构表面要求在4 h内必须干燥，并立即刷底漆，避免形成二次生锈。

5. 涂刷厚度符合设计要求，不小于70 μm。涂刷牢固，无剥落、皱纹、气泡、针孔等缺陷。

6. 底漆干燥时间：25℃表干 0.5~1 h，实干 24 h，完全固化 7 天。

7. 底漆涂装间隔：5℃最短 48 h，最长 7 天。20℃最短 24 h，最长 3 天。

8. 面漆干燥时间：25℃表干 2 h，实干 8 h，完全固化 7 天。

9. 面漆涂装间隔：0℃最短 24 h，最长不限。20℃最短 8 h，最长不限。30℃最短 6 h，最长不限。

操作步骤

步骤 1　选择一处锈蚀的钢梁，搭设脚手架，并设置防护措施。

步骤 2　用打磨机进行除锈。

步骤 3　除锈完毕后进行底漆两道涂刷。

步骤 4　底漆涂刷完毕后进行面漆两道涂刷。

步骤 5　施工完成后拆除脚手架，工完场清。

作业验收

1. 涂装体系、层数、厚度符合规定。

2. 涂层表面平整均匀，新旧涂层衔接平顺，色泽不匀不超过 5%。

3. 无剥落、裂纹，无起泡、气孔。

2.3　桥梁附属设备作业

学习目标

✓ 掌握声屏障的相关知识

✓ 了解桥台锥体护坡放样的要求

✓ 掌握钢梁涂装步骤及要求

知识要求

2.3.1　声屏障

声屏障是一种专门设计的立于噪声源和受声点之间的声学障板，是降低噪声的一种重要设施。声屏障通常是针对某一特定声源和特定保护位置（或区域）设计的。

1. 声屏障的结构形式

声屏障的结构形式主要有直立形、圆筒形、逆 L 形和 Y 形。我国目前建成的声屏障以直立形和逆 L 形为主。轨道交通多采用直立形。

声屏障结构形式对降噪效果有直接影响。降噪效果最弱的是直立形，降噪效果最好的是 Y 形。

2. 声屏障的降噪效果

根据《声环境质量标准》（GB 3096—2008），城市区域内的交通干线两侧区域的昼间噪声标准限值为 70 dB，夜间噪声标准限值为 55 dB。昼间是指 6：00 至 22：00 之间的时段，夜间是指 22：00 至次日 6：00 的时段。对于超限的区域，若适合安装声屏障，应及时安装。

当测量对象的声信号不存在时，在参考点位置或受声点位置测量噪声。测量时，背景噪声级应至少比测量值低 10 dB。如果测量值和背景噪声值相差 3～9 dB，则可以对测量结果进行修正。当差值小于 3 dB，则不符合测试条件，不能进行测量。

一般声屏障对距离声源 100 m 范围内有良好的降噪效果。一个合理的声屏障可以对于声源区的受声点降噪 5～12 dB。当声屏障降噪要求大于 12 dB 时，应同时采取其他降噪措施。

另外，实践证明，设于线路两侧且高度低于 2.5 m 的声屏障降噪效果并不明显。

3. 声屏障的声学设计

在保持噪声源、地形、地貌、地面和气象条件不变的情况下安装声屏障前后在某特定位置上的声压级之差称为声屏障的插入损失。插入损失越大，降噪效果越好。

当噪声源发出的声波遇到声屏障时，它将沿着三条路径传播：一部分越过声屏障顶端绕射到达受声点，这称为绕射路径；一部分穿透声屏障到达受声点，这称为透射路径；一部分在声屏障壁面上产生反射，这称为反射路径。声屏障的插入损失主要取决于声源发出的声波沿这三条路径传播的声能分配。

通常用隔声量来衡量声屏障防止声音透射的效果。隔声量是指墙或间壁的入射声功率级与另一面的透射声功率级之差。一般选用的声屏障材料在实验室测试的平均隔声量应不小于 25 dB。

4．声屏障的材料

声屏障材料选用总的原则是降噪效果良好、结构安全可靠，材料价格经济、安装成本低，经久耐用、美观大方。最常见的声屏障材料质地为金属类。一般选用的声屏障材料在实验室测试的平均隔声量应不小于 25 dB。

吸声材料是指具有较强的吸收声能、减低噪声性能的材料。吸声材料按吸声机理分为：依靠从表面至内部许多细小的敞开孔道使声波衰减和依靠共振作用吸声两类。吸声材料的吸声性能不应受到户外恶劣气候环境的影响。铝纤维是一种适宜室外露天使用的吸声材料。

5．声屏障的安装

声屏障的设置位置应接近线路，但应符合限界要求。当双侧安装声屏障时，应在朝向声源一侧安装吸声结构。

声屏障一般采用装配式施工以缩短施工时间。

2.3.2 桥台锥体护坡施工

1．桥台锥体护坡放样

桥台锥体护坡，一般是顺线路方向为 1∶1 的坡，垂直线路方向为 1∶1.5 的坡，锥体底部为 1/4 的椭圆形。桥台锥体护坡每 6 m 应设置变坡。当桥台锥体护坡的高度大于 6 m 而小于 12 m 时，则需在向下超过 6 m 处变坡，顺线路方向由 1∶1 变为 1∶1.25，垂直线路方向由 1∶1.5 变为 1∶1.75。以此类推。

桥台护坡在高出设计洪水位 0.5 m 以下部分应根据设计流速不宜采用块、片石砌筑。

常用的桥台锥体护坡放样方法有：放样架放线法、切线支距法和纵横等分线相交法等。其中纵横等分线相交法是桥头锥体护坡放样最简单方便的方法。有了锥体高度和顺线路方向与垂直方向的坡度，直接可以放出锥体的坡脚线。

2．桥台锥体护坡的加固

桥台锥体护坡的加固，一般采用喷射混凝土，并可视情况增设锚杆或钢筋网。

锚杆宜采用 16Mn 或 5 号钢钢筋，也可采用 3 号钢钢筋，直径 16~22 mm，长度一般为 2.0~3.5 m，系统布置的锚杆，间距不宜超过锚杆长度的 1/2。锚杆眼孔宜比锚杆直径大 15~20 mm。

钢筋网一般采用 3 号钢钢筋，直径 10~12 mm，网格间距一般为 15~25 cm，保护层厚度不小于 2 cm。

灌筑锚杆用的砂浆应拌和均匀，随拌随用，孔眼在灌浆前应用风吹净；灌浆时应从孔底开始，连续均匀地进行。用吸水式锚固包锚，固定锚杆更为方便迅捷。

用作锚杆的钢筋，应在安装前除锈校直；安装位置宜居孔眼中心，钢筋插入深度不得小于设计要求的90%，安装后不得敲击、碰撞。

当岩层面有可能松动脱落时，宜先喷一层混凝土后，再进行锚杆施工。

技能要求

更换声屏障作业

操作要求

1. 高空作业时正确穿戴安全带等劳防用品，防护措施到位。
2. 拆除旧屏体时对既有设备进行保护，不得损坏。
3. 新屏体安装必须稳固。
4. 正确使用工器具。

操作步骤

步骤1 现场调查

现场调查声屏障各部件连接固定形式，准备相应拆除工器具。同时应观察是否有其他公司的设备（如信号灯、接地电缆、白光灯等）影响到拆除作业，若有应提前与相关单位联系处置事宜。

步骤2 拆除声屏障

声屏障的拆除遵循"从上往下，逐件拆除"的基本方法。

首先，使用四折梯登高到声屏障顶部。对声屏障高度（不含挡墙）大于1.5m的，宜搭设脚手架或采用吊车从外部施工。

其次，可用充电式手枪钻打掉工字钢立柱上抱箍的固定抽芯铆钉，或用适当工具松开其他形式连接件，并拆下抱箍。

再次，可用充电式手枪钻打掉顶部吸声体（或直立形屏体的顶罩板）的固定抽芯铆钉，或用适当工具松开其他形式连接件，并取下顶部吸声体（顶罩板）。

最后，可用扁凿凿除中间屏体的固定卡簧，用扳手拧开固定角钢压条的螺栓，或用适当工具松开其他形式连接件，并抽出中间屏体。在抽出过程中，可配合使用撬棍从底部撬起屏体，或在脚手架上安置滑轮用绳索拉起屏体。

步骤 3 安装新声屏障

声屏障的安装遵循"从下往上，逐件安装"的基本方法。参照拆除声屏障的工器具和方法，逐件安装声屏障。

步骤 4 工完场清。

作业验收

1. 声屏障材料质量符合规定。
2. 固定螺栓紧固，位置正确，封头平整无蜂窝麻面。
3. 屏体与立柱及屏体间的缝隙必须密实。

2.4 桥梁设施验收及质量评定

学习目标

✓ 了解桥梁的维护管理要求
✓ 掌握桥梁综合维修作业质量的验收要求
✓ 掌握桥梁保养质量验收的要求

知识要求

2.4.1 桥梁的维护管理

1. 维护组织

（1）桥梁设施维护工作实行综合维修和保养相结合的方式，以保证设施状态完好，确保行车安全。

（2）应根据实际情况确定综合维修和保养的周期，编制年度、分月计划，经上级部门批准后实施；各车间根据规定的检查、保养、维修周期和管辖的桥涵建筑物实际状态，编制月度保养、检查、维修计划，经公司批准后下达给相应工区实施。

（3）桥涵维修长度的计算标准

1）跨度 40 m 及以上的结合梁、钢管拱桥、斜拉桥等桥梁维修长度每米折合 2.0 m 桥涵换算。

2）跨度 40 m 及以下的结合梁维修长度每米折合 1.5 m 桥涵换算。

3）声屏障维修面积每平方米折合 0.25 m 桥涵换算。

4）涵洞维修长度每米折合 0.5 m 桥涵换算。

5）车站人行天桥维修长度每米折合 1.5 m 桥涵换算。

6）限高防护架、防撞架等，每座折合 500 m 桥涵换算。

上文中提到的维修长度指需要维修的桥涵建筑物长度。单线桥梁等于全长，双线或多线桥梁等于各线全长之和；单孔涵洞等于全长，双孔及以上涵洞等于各孔轴长之和。桥梁全长指两桥台边墙外端间的距离，两边墙不相等时以短边计，曲线桥为中心线上墩台之间各段折现之和；涵洞全长指两端墙外端间的中心轴线长度。

2．综合维修

（1）桥梁设施的综合维修应以整座设施进行，按照"预防为主，防治结合，有病治病，治病除根"的原则，做到全面维修，项目齐全。通过对桥梁设施适时预防性地修理和病害整治，恢复各部件的功能，保持整座设施质量均衡完好。

（2）桥梁设施的综合维修周期定为 4 年，即每年综合维修的数量应占设施总数的 25% 左右。

（3）综合维修的主要工作范围

1）梁部。结合梁桥、拱桥钢结构局部维护性涂装、死角防锈、更换失效螺栓、进人孔盖板更换；混凝土梁裂纹露筋修补、修理局部失效防水层、排水系统局部整修和部分增设、梁端伸缩缝整修。

2）支座。整平、修正、涂油和捣垫砂浆，处理折断锚栓，支座钢质部分除锈油漆。

3）墩台基础。病害墩台整治，裂纹缺损修补，顶面排水处理，基础防护整修等。

4）涵洞。裂纹整治、砌体勾缝、抹面、小量喷浆和压浆，排水设备修理和部分增设。淤积清理疏通，进出口铺砌整修等。

5）声屏障、装饰板的更换。

6）附属设备

①各种防护设备的砌体勾缝修补，各类栏杆设备整修加固、更换。

②防撞墙、作业通道、安全检查设备、抗震设施局部整修。

③各种桥梁标志的增设、修理和更换。

④桥梁限高防护架整治修复。

3. 保养

(1) 通过对桥梁设施的保养，及时发现和消灭超限处所和临近超限处所，保持桥梁设施状态经常均衡完好，确保行车安全平稳。

(2) 保养工作根据当月检查情况逐月编制，按 6 个月为一个周期安排处理。在做好适时保养的同时，还应加强预防性的周期保养，使设施质量经常控制在保养合格状态。

(3) 保养主要工作范围

1) 桥面各部位过水孔疏通。

2) 伸缩缝清理。

3) 声屏障构件防腐、加固。

4) 装饰板加固。

5) 各种连接铁件、螺栓涂油。

6) 钢梁清扫和补充、拧紧少量高强度螺栓，少量油漆涂装。

7) 各种标志的刷新和补充。

8) 修补圬工梁、墩台及护坡勾缝，清除梁端石碴，疏通泄水管。

9) 涵洞少量清淤。

10) 及时消除可能危及行车安全的任何病害。

2.4.2 综合维修验收

桥梁综合维修作业质量的验收，要严格执行分级把关，控制质量的原则。

作业过程中，应在作业中及收工前进行质量验收，发现不符合标准的项目应及时返修达标。应对钢梁涂装、圬工维修等隐蔽工程项目认真检查把关，做到每项作业勤检细修一次达标，每次检查的情况都应填记在日计划完成表或施工记录上。

每座设施综合维修作业全部完成后，应按《桥梁设施综合维修作业验收标准》（见表 2—5）的有关规定，进行综合维修作业质量验收评定，并填写"桥梁综合维修验收单"。综合维修作业质量评定分为优良、合格、不合格三个等级，以每个工作项目为单位，单个工作项目扣分在 15 分之内即评为"优良"，扣分在 15～40 分为"合格"，否则为"不合格"，若出现不合格处所，经返修复验合格，只能评为"合格"。综合维修作业应严格按照作业标准进行，实行质量控制，保证达到规定的质量要求。

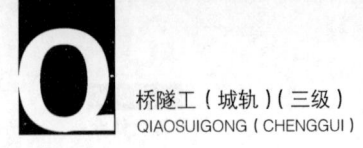

表 2—5　　　　　　　　桥梁设施综合维修作业验收标准

分类	工作项目	质量标准		单位	扣分
		验收标准			
一、维修桥面	1. 修理及安装各种螺栓	（1）螺杆、螺母及垫圈除锈彻底，沾油厚度适宜或经镀锌处理		处	5
		（2）螺栓拧紧无松动		处	5
		（3）垫圈符合标准无缺少		处	5
	2. 维修防水层	（1）垫层抹платно无坑洼，与原圬工联牢		处	5
		（2）防水层平顺密实，与边墙及泄水孔衔接严密，无渗漏现象		处	5
		（3）保护层厚度不小于 30 mm，坡度不小于 3%，压实抹平，无裂损和空鼓		处	5
	3. 防撞墙	无露筋掉块、裂纹		处	5
	4. 维修伸缩缝	缝内尘土清除干净，填塞密实，表面平整，无漏水、断裂或挤出		处	5
二、维修钢结构	1. 钢表面清理	维护涂装底漆时，钢表面清理达到 Sa2.5 级		处	5
	2. 涂膜粉化清理	涂层表面打磨、污垢清除彻底，不损伤底漆		处	5
	3. 腻缝	作业范围内，凡能积水的缝隙内的旧漆污垢除净无漏腻，腻子填实压平，无开裂积水		处	5
	4. 涂装涂层	（1）涂装体系、层数、厚度符合规定		处	5
		（2）涂层表面平整均匀，新旧涂层衔接平顺，色泽不匀不超过5%		处	5
		（3）无剥落、裂纹		处	5
		（4）无起泡、气孔		处	5
三、维修圬工梁拱及墩台	1. 抹面	抹面压实，无裂纹、空鼓，砂浆符合规定		处	5
	2. 压浆	（1）注浆孔位置、深度及灰浆配合比、水灰比符合要求		处	5
		（2）不因钻孔而损坏原圬工，裂纹和空隙内经压水冲洗，并注满浆		处	5
		（3）注浆孔用砂浆填实，无裂纹，淌出灰浆清除干净		处	5
	3. 修补	（1）材料配合比、工艺符合要求		处	5
		（2）槽宽度误差不超过 ±3 mm，深度不少于 8 mm		处	5
		（3）勾缝平实，凹凸不超过 ±2 mm，与圬工结合牢固，无断道		处	5
		（4）色泽协调均匀		处	5
	4. 维修更换泄水管	（1）管内畅通，无杂物堵塞		处	5
		（2）外露部分无损坏		处	5
		（3）排水不污染梁体		处	5

续表

分类	工作项目	质量标准		
		验收标准	单位	扣分
四、维修支座	1. 支座整平修正	(1) 各部分清洁,无灰渣,无锈蚀,活动端涂固体油脂或用石墨涂擦均匀,无缺漏	处	5
		(2) 支座位置平整密实,各部分相互密贴	处	5
		(3) 锚栓无松动、缺少、锈蚀	处	5
		(4) 排水良好,无翻浆、流锈	处	5
	2. 捣垫砂浆	(1) 原坏工面凿毛洗净。水灰比、砂浆配合比符合规定,拌和均匀,捣固密实,周围抹面平整,无裂纹空鼓	处	5
		(2) 与座板间缝隙小于 0.5 mm,深度小于 30 mm	处	5
		(3) 排水良好	处	5
五、维修涵洞	整修涵洞	清除淤泥、排水通畅;伸缩缝无漏水、漏土(备注:混凝土部分标准参照圬工梁拱及墩台)	处	5
六、维修附属设施	1. 更换声屏障	(1) 声屏障材料质量符合规定	处	5
		(2) 固定螺栓紧固,位置正确,封头平整无蜂窝麻面	处	5
		(3) 屏体与立柱及屏体间的缝隙必须密实	处	5
	2. 更换装饰板	(1) 装饰板质量符合要求	处	5
		(2) 与固定组件连接牢固,无松动脱落	处	5
	3. 维修栏杆	(1) 栏杆构件无缺少、裂损、锈蚀	处	5
		(2) 栏杆平直、连接牢固、无扭曲	处	5
	4. 维修增设桥梁标志、限高防撞架	(1) 桥梁标志尺寸字样准确、标志清晰	处	5
		(2) 限高防撞架无损坏、锈蚀	处	10

每月的综合维修作业全部结束后,维修部门应对综合维修后的设施进行整体验收,公司进行抽验。验收标准参照"桥梁设施质量状态评定表",根据扣分的情况来评定综合维修整体质量的优劣。

2.4.3 保养验收

桥梁保养质量验收由保养作业实施部门进行,公司进行抽验。

每座桥梁设施的保养质量评定,均应填写"桥梁保养质量评定记录表",以备抽查。桥梁设施的保养质量是按照《桥梁设施保养质量评分标准》(见表2—6)的规定,根据扣分的情况来评定保养质量的优劣。每座设备扣分的总和,除以该设备的维修长度(取整数)即为该设备的保养质量平均分,保养质量每米平均分在5分及以下且无单项质量扣10分者为合格,否则为不合格。

表2—6　　　　　　　　桥梁设施保养质量评分标准

分类	保养项目	扣分条件	单位	扣分
一、桥面	1. 铺装层	(1) 桥面找平层表面有纵横裂缝、剥落	处	5
		(2) 桥面防水层失效面积大于 10 m²	处	5
		(3) 泄水孔堵塞、周围渗水	处	5
	2. 声屏障	(1) 声屏障螺栓或立柱锈蚀超过 10%	处	5
		(2) 螺栓缺少、松动	处	5
		(3) 屏体表面或玻璃破损	处	5
	3. 装饰板	(1) 装饰板连接松动	处	5
		(2) 装饰板锈蚀面积大于 10 m²	处	5
	4. 栏杆	栏杆锈蚀、损坏严重	处	5
二、梁拱及墩台	1. 表面	表面掉块露筋	处	5
	2. 梁端	缝内有石碴、杂物,影响梁体伸缩	处	5
	3. 泄水管	泄水管堵塞、损坏或缺失	处	5
三、钢梁	1. 梁体	梁体有灰渣,尘土堆积	处	5
	2. 螺栓	高强度螺栓松动、缺少	处	5
	3. 涂层	局部锈蚀大于 25 cm²	处	5
	4. 腻缝	腻缝开裂、脱落、锈蚀	处	5
四、支座	1. 支座	(1) 支座钢件锈蚀	处	5
		(2) 上下各部分不密贴	处	10
		(3) 支座不洁,活动部分摩擦附有灰尘或污物	处	5
	2. 螺栓	螺栓或螺母缺少、松动、折断	处	5
	3. 排水	支座积水、翻浆、流锈	处	5

续表

分类	保养项目	扣分条件	单位	扣分
五、涵洞	1. 排洪	涵内有淤积，影响排洪	处	10
	2. 管节	（1）接缝脱落	处	5
		（2）漏土	处	10
	3. 表面	剥落掉块致使露筋	处	5
六、其他	1. 抗震设施	失修损坏	处	5
	2. 防撞设施	（1）涂装失效	处	5
		（2）被撞损坏	处	10
	3. 检查设施	（1）涂装失效	处	5
		（2）失修损坏	处	5
	4. 各类标志	各类标志缺少、破坏、不清晰	处	5

2.4.4 桥梁质量评定标准

对于桥梁的质量评定，采用"只要达到任意一条失格标准，即判为质量不合格"的方法。具体的标准见表2—7。

表2—7　　　　　　　　　　　桥梁评定标准

分类	病害项目	失格标准类别
一、圬工梁拱	1. 裂纹	预应力混凝土梁、钢筋混凝土梁、拱裂纹超过限值且未处理
	2. 承载能力不足	检定承载系数 $K<1$
	3. 梁拱漏水	结构内部漏水未处理
	4. 梁不能自由伸缩	相邻两孔圬工梁端之间顶死，使梁不能自由伸缩
二、钢结构	1. 保护涂装失效	（1）整孔钢梁涂装失效达50%及以上 （2）钢梁上盖板锈蚀达50%及以上
	2. 焊缝裂纹	因受力而有发展的焊缝裂纹未处理或加固
	3. 承载能力不足	检定承载系数 $K<1$
	4. 梁不能自由伸缩	相邻两孔钢梁梁端之间顶死，使梁不能自由伸缩

续表

分类	病害项目	失格标准类别
三、支座	1. 未按规定安装	(1) 应安装支座而未安装支座 (2) 支座类型或活动、固定支座安装不符合规定
	2. 橡胶支座不良	板式橡胶支座达到以下状态： (1) 支座压溃，周围出现明显不规则的凹凸、弯曲或扭曲 (2) 支座剪切变形过大，活载作用时剪切变形≥24°，无活载作用时永久剪切变形≥15° (3) 橡胶剥落掉块，导致加劲钢板表面或周围外露长度＞100 mm (4) 橡胶裂纹宽度≥2 mm，且连续长度达周边长度的50%以上 (5) 支座窜动大于相应边长的25% 盆式橡胶支座达到以下状态： (1) 盆环开裂或脱焊 (2) 聚四氟乙烯板磨耗严重，外露厚度不足0.5 mm (3) 位移或转角超限，位移量≥10 mm，转角超过设计值的20% (4) 锚栓剪断数量超过25%
四、墩台	1. 严重腐蚀及松动断裂	混凝土及钢筋混凝土严重腐蚀未处理
	2. 裂损与不稳定	(1) 混凝土及钢筋混凝土裂纹超过限值未处理 (2) 墩台出现下沉、倾斜、滑动、冻害等现象
五、涵渠	1. 变形损坏	涵身严重变形、断裂，冻害影响排水或造成路基下沉
	2. 基底淘空	洞身基底冒水、潜流造成基底掏空未加整治
	3. 孔径不足	(1) 涵渠孔径不足及净空不能安全通过规定洪水 (2) 泥石流淤积严重，影响排洪而未整治
六、附属设施	1. 未按规定安装栏杆	应设未设
	2. 抗震设施缺少、失效	无抗震设施或失效

技能要求

桥梁状态评定

操作要求

1. 正确穿戴防护用品,登高时防护措施到位。
2. 熟悉桥梁评定方法。
3. 正确使用工器具。
4. 检查完毕后工完料清。

操作步骤

步骤1 选择一处需进行状态评定的桥梁。

步骤2 对桥梁状态进行详细检查。

步骤3 对桥梁的病害部位及位置能正确记录。

步骤4 对桥梁的病害量能进行计量。

步骤5 对桥梁状态检查的数据进行汇总。

步骤6 根据桥梁病害情况进行状态评定。

桥梁维修保养质量评定

操作要求

1. 正确穿戴防护用品,登高时防护措施到位。
2. 熟悉桥梁维修保养规程和评定方法。
3. 正确使用工器具。
4. 检查完毕后工完料清。

操作步骤

步骤1 对已完成维修保养的桥梁进行详细检查。

步骤2 对维修保养后桥梁存在的问题进行准确记录。

步骤3 对维修保养后桥梁的病害量进行计量。

步骤4 对维修保养后桥梁检查出的问题进行汇总。

步骤5 根据维修保养后桥梁检查的情况进行质量评定。

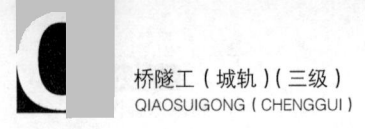

理论知识复习题

一、判断题（将判断结果填入括号内，正确的填"√"，错误的填"×"）

1. 除单线桥外，多线桥桥面横向应采用双向排水坡，排水坡坡度不小于5‰。（　　）
2. 正线线路曲线半径一般不得小于300 m。（　　）
3. 快封001是一种常用的桥梁防水涂料。（　　）
4. 桥面防水层铺装一般不包括道砟。（　　）
5. 结合梁、连续梁支座应每半年检查一次。（　　）
6. 伸缩缝应在每年春秋各测量一次。（　　）
7. 涂装体系包括环氧富锌底漆、磷化底漆中间层、锌铝醇酸面漆符合钢梁涂装标准。（　　）
8. 使用刮刀除锈时，手应持刮刀腰部，刀刃与工作物成30°～50°。（　　）
9. 焊缝强度不应低于母材强度。（　　）
10. 栓钉的主要作用是承受拉力。（　　）

二、单项选择题（选择一个正确的答案，将相应的字母填入题内的括号内）

1. 我国采用（　　）平均海水面作为全国高程系统的基准面。
   A. 渤海　　　B. 黄海　　　C. 东海　　　D. 南海
2. 手工成动力工具除锈等级为（　　）。
   A. st3　　　B. st4　　　C. st5　　　D. st6
3. 桥面纵向坡度不宜小于（　　）。
   A. 1‰　　　B. 3‰　　　C. 5‰　　　D. 7‰
4. 快封104是（　　）水泥基防水涂料，由专门合成的树脂乳液与掺加优级填料的水泥组成。
   A. 单组分　　B. 双组分　　C. 三组分　　D. 四组分
5. 桥面防水层铺装一般不包括（　　）。
   A. 道砟层　　B. 沥青混凝土层　　C. 石棉沥青层　　D. 沥青浸制的麻布层
6. 桥下定期检查的主要内容不包括（　　）。
   A. 桥面是否积水　　　　　　　B. 落水管有无损坏
   C. 外装饰板有无损坏、脱落　　D. 圬工梁体或墩台有无裂纹或裂纹有无发展

7. 用刮刀铲起漆膜，（　　）说明漆膜良好。

A. 漆膜一触即碎成粉末状　　　　B. 漆膜成刨花状卷起

C. 底漆色泽暗淡　　　　　　　　D. 底漆同面漆一并带起

8. 关于手工涂装，下列说法错误的是（　　）。

A. 涂刷顺序应先易后难

B. 漆刷蘸漆不宜过多，以刷毛的 1/3～1/2 为宜

C. 操作要敏捷，厚度要均匀合适

D. 一次涂刷不宜过厚

9. 栓钉的主要作用是承受（　　）。

A. 拉力　　　　B. 压力　　　　C. 剪力　　　　D. 扭矩

10. 目前由于使用性能上的优越性越来越受到重视的城市轨道梁截面是（　　）。

A. U 形截面　　　B. T 形截面　　　C. 箱形截面　　　D. 矩形截面

理论知识复习题答案

一、判断题

1. √　　2. √　　3. ×　　4. √　　5. √　　6. ×　　7. √

8. ×　　9. √　　10. ×

二、单项选择题

1. B　　2. A　　3. B　　4. B　　5. A　　6. A　　7. B

8. A　　9. C　　10. A

第 3 章

隧道作业

3.1 防水施工

3.2 放样施工

3.3 隧道旁通道作业

3.4 隧道设施验收及质量评定

理论知识复习题

理论知识复习题答案

3.1 防水施工

学习目标

✓ 了解各种防水层的规定及施工要求
✓ 掌握隧道管片预注浆、后注浆的相关知识

知识要求

3.1.1 防水混凝土

1. 防水混凝土所用的材料应符合的规定

（1）水泥品种应按设计要求选用，其强度等级不应低于32.5级，不得使用过期或受潮结块水泥。

（2）碎石或卵石的粒径宜为5~40 mm，含泥量不得大于1.0%，泥块含量不得大于0.5%。

（3）沙宜用中沙，含泥量不得大于3.0%，泥块含量不得大于1.0%。

（4）拌制混凝土所用的水，应采用不含有害物质的洁净水。

（5）外加剂的技术性能，应符合国家或行业标准一等品及以上的质量要求。

（6）粉煤灰的级别不应低于二级，掺量不宜大于20%；硅粉掺量不应大于3%，其他掺合料的掺量应通过试验确定。

2. 防水混凝土的配合比应符合的规定

（1）试配要求的抗渗水压值应比设计值提高 0.2 MPa。

（2）水泥用量不得少于 300 kg/m³；掺有活性掺和料时，水泥用量不得少于 280 kg/m³。

（3）沙率宜为 35%～45%，灰沙比宜为 1:2～1:2.5。

（4）水灰比不得大于 0.55。

（5）普通防水混凝土坍落度不宜大于 50 mm，泵送时入泵坍落度宜为 100～140 mm。

3. 混凝土拌制和浇筑过程控制应符合的规定

（1）拌制混凝土所用材料的品种、规格和用量，每工作班检查不应少于两次。每盘混凝土各组成材料计量结果的偏差应符合表 3—1 的规定。

表 3—1　　　　　　　　混凝土组成材料计量结果的允许偏差

混凝土组成材料	每盘计量	累计计量
水泥、掺和料	±2%	±1%
粗、细骨料	±3%	±2%
水、外加剂	±2%	±1%

（2）混凝土在浇筑地点的坍落度，每工作班至少检查两次。混凝土实测的坍落度与要求坍落度之间的偏差应符合表 3—2 的规定。

表 3—2　　　　　　　　混凝土坍落度允许偏差　　　　　　　　mm

要求坍落度	允许偏差
≤40	±10
50～90	±15
≥100	±20

3.1.2　水泥砂浆防水层

混凝土或砌体结构的基层上宜采用多层抹面的水泥砂浆防水层，普通水泥砂浆防水层的配合比应按表 3—3 选用，掺外加剂、掺和料、聚合物水泥砂浆的配合比应符合所掺材料的规定。

表3—3　　　　　　　　　　普通水泥砂浆防水层的配合比

名称	配合比（质量比）		水灰比	适用范围
	水泥	沙		
水泥浆	1	—	0.55~0.60	水泥砂浆防水层的第一层
水泥浆	1	—	0.37~0.40	水泥砂浆防水层的第三、第五层
水泥砂浆	1	1.5~2.0	0.40~0.50	水泥砂浆防水层的第二、第四层

1. **水泥砂浆防水层所用的材料应符合的规定**

（1）水泥品种应按设计要求选用，其强度等级不应低于32.5级，不得使用过期或受潮结块水泥。

（2）沙宜采用中沙，粒径在3 mm以下，含泥量不得大于1%，硫化物和硫酸盐含量不得大于1%。

（3）水应采用不含有害物质的洁净水。

（4）聚合物乳液的外观质量符合要求，无颗粒、异物和凝固物。

（5）外加剂的技术性能应符合国家或行业标准一等品及以上的质量要求。

2. **水泥砂浆防水层的基层质量应符合的要求**

（1）水泥砂浆铺抹前，基层的混凝土和砌筑砂浆强度应不低于设计值的80%。

（2）基层表面应坚实、平整、粗糙、洁净，并充分湿润，无积水。

（3）基层表面的孔洞、缝隙应用与防水层相同的砂浆填塞抹平。

3. **水泥砂浆防水层施工应符合的要求**

（1）分层铺抹或喷涂，铺抹时应压实、抹平和表面压光。

（2）防水层各层应紧密贴合，每层宜连续施工，必须留施工缝时应采用阶梯坡形槎，但离开阴阳角处不得小于200 mm。

（3）防水层的阴阳角处应做成圆弧形。

（4）水泥砂浆终凝后应及时进行养护，养护温度不宜低于5℃并保持湿润，养护时间不得少于14天。

3.1.3　卷材防水层

受侵蚀性介质或受振动作用的地下工程主体迎水面铺贴的卷材防水层应采用高聚物改性沥青防水卷材和合成高分子防水卷材。所选用的基层处理剂、胶黏剂、密封材料等配套材料，均应与铺贴的卷材材性相容。铺贴防水卷材前，应将找平层清扫干净，在基面上涂刷基层处理剂。当基面较潮湿时,应涂刷湿固化型胶黏剂或潮湿界面隔离剂。防水卷材厚度选用应符合表3—4的规定,同时两幅卷材短边和长边的搭接宽度均不应小于100 mm。采用多层卷材时,上下两层和相邻两幅卷材的接缝应错开1/3幅宽,且两层卷材不得相互垂直铺贴。

表3—4　　　　　　　　　防水卷材厚度

防水等级	设防道数	合成高分子卷材	高聚物改性沥青卷材
1级	三道或三道以上设防	单层:不应小于1.5 mm;双层:每层不应小于1.2 mm	单层:不应小于4 mm;双层:每层不应小于3 mm
2级	两道设防		
3级	一道设防	不应小于1.5 mm	不应小于4 mm
3级	复合设防	不应小于1.2 mm	不应小于3 mm

1. 冷粘法铺贴卷材应符合的规定

(1) 胶黏剂涂刷应均匀,不露底,不堆积。

(2) 铺贴卷材时应控制胶黏剂涂刷与卷材铺贴的间隔时间,排除卷材下面的空气,并辊压黏结牢固,不得有空鼓。

(3) 铺贴卷材应平整、顺直,搭接尺寸正确,不得有扭曲、皱折。

(4) 接缝口应用密封材料封严,其宽度不应小于10 mm。

2. 热熔法铺贴卷材应符合的规定

(1) 火焰加热器加热卷材应均匀,不得过分加热或烧穿卷材;厚度小于3 mm的高聚物改性沥青防水卷材,严禁采用热熔法施工。

(2) 卷材表面热熔后应立即滚铺卷材,排除卷材下面的空气,并辊压黏结牢固,不得有空鼓、皱折。

(3) 滚铺卷材时接缝部位必须溢出沥青热熔胶,并应随即刮封接口使接缝黏结严密。

(4) 铺贴后的卷材应平整、顺直,搭接尺寸正确,不得有扭曲。

3. 保护层应符合的规定

(1) 顶板的细石混凝土保护层与防水层之间宜设置隔离层。

(2) 底板的细石混凝土保护层厚度应大于50 mm。

(3) 侧墙宜采用聚苯乙烯泡沫塑料保护层,或砌砖保护墙(边砌边填实)和铺抹厚30 mm的水泥砂浆。

3.1.4 涂料防水层

受侵蚀性介质或受振动作用的地下工程主体迎水面或背水面宜涂刷涂料防水层，涂料防水层应采用反应型、水乳型、聚合物水泥防水涂料或水泥基、水泥基渗透结晶型防水涂料，防水涂料厚度选用应符合表3—5的规定。

表3—5　　　　　　　　　　防水涂料厚度　　　　　　　　　　　　　　　mm

防水等级	设防道数	有机涂料			无机涂料	
		反应型	水乳型	聚合物水泥	水泥基	水泥基渗透结晶型
1级	三道或三道以上设防	1.2~2.0	1.2~1.5	1.5~2.0	1.5~2.0	≥0.8
2级	两道设防	1.2~2.0	1.2~1.5	1.5~2.0	1.5~2.0	≥0.8
3级	一道设防	—	—	≥2.0	≥2.0	—
	复合设防	—	—	≥1.5	≥1.5	—

涂料防水层的施工应符合表3—6的规定。

表3—6　　　　　　　　　涂料防水层的施工规定

序号	规　　定
1	涂料涂刷前应先在基面上涂一层与涂料相融的基层处理剂
2	涂膜应多遍完成，涂刷应待前遍涂层干燥成膜后进行
3	每遍涂刷时应交替改变涂层的涂刷方向，同层涂膜的先后搭茬宽度宜为30~50 mm
4	涂料防水层的施工缝（甩槎）应注意保护，搭接缝宽度应大于100 mm，接涂前应将其甩槎表面处理干净
5	涂刷程序应先做转角处、穿墙管道、变形缝等部位的涂料加强层，后进行大面积涂刷
6	涂料防水层中铺贴的胎体增强材料，同层相邻的搭接宽度应大于100 mm，上下层接缝应错开1/3幅宽

3.1.5 塑料板防水层

1. 塑料防水板选材

塑料防水板可选用乙烯—醋酸乙烯共聚物（EVA）、乙烯—共聚物沥青（ECB）、聚氯乙烯（PVC）、高密度聚乙烯（HDPE）、低密度聚乙烯（LDPE）或其他性能相近的材料。

2. 塑料防水板应符合的规定

（1）幅宽宜为 2~4 m。

（2）厚度宜为 1~2 mm。

（3）耐刺穿性好。

（4）耐久性、耐水性、耐腐蚀性、耐菌性好。

（5）塑料防水板物理力学性能应符合表 3—7 的规定。

表 3—7　　　　　　　　　塑料防水板物理力学性能

项目	拉伸强度（MPa）	断裂延伸率	热处理时变化率	低温弯折性	抗渗性
指标	≥12	≥200%	≥2.5%	−20℃无裂纹	0.2 MPa 24 h 不透水

3. 铺设前检查

防水板应在初期支护基本稳定并经验收合格后进行铺设，铺设防水板的基层宜平整、无尖锐物。基层平整度应符合 $D/L = 1/10 \sim 1/6$ 的要求。

D——初期支护基层相邻两凸面凹进去的深度；

L——初期支护基层相邻两凸面间的距离。

铺设防水板前应先铺缓冲层。缓冲层应用暗钉圈固定在基层上，如图 3—1 所示。

4. 铺设防水板

边铺边将防水板与暗钉圈焊接牢固。两幅防水板的搭接宽度应为 100 mm，搭接缝应为双焊缝，单条焊缝的有效焊接宽度不应小于 10 mm，焊接严密，不得焊焦焊穿。环向铺设时，先进后墙，下部防水板应压住上部防水板。防水板的铺设应超前内衬混凝土的施工，其距离宜为 5~20 m，并设临时挡板防止机械损伤和电火花灼伤防水板。局部设置防水板防水层时，其两侧应采取封闭措施。内衬混凝土施工时应符合两点规定。

（1）振捣棒不得直接接触防水板。

（2）浇筑拱顶时应防止防水板绷紧。

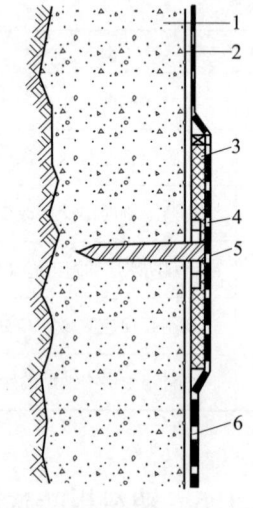

图 3—1　暗钉圈固定缓冲层示意
1—初期支护　2—缓冲层
3—热塑性圆垫圈　4—金属垫圈
5—射钉　6—防水板

3.1.6 金属板防水层

抗渗性能要求较高的地下工程适用于以金属板材焊接而成的防水层。金属板防水层所采用的金属材料和保护材料应符合设计要求。金属材料和焊条（剂）的规格、外观质量和主要物理性能应符合国家现行标准的规定，金属板的拼接和金属板与建筑结构的锚固件连接应采用焊接。金属板的拼接焊缝应进行外观检查和无损检验。当金属板表面有锈蚀、麻点或划痕等缺陷时，其深度不得大于该板材厚度的负偏差值。

3.1.7 隧道防水细部构造

防水混凝土结构的变形缝、施工缝、后浇带、穿墙管道、埋设件等细部构造应符合以下要求。

1．防水混凝土结构的细部构造

防水混凝土结构的变形缝、施工缝、后浇带等细部构造，应采用止水带、遇水膨胀橡胶腻子止水条等高分子防水材料和接缝密封材料。

2．变形缝的防水施工应符合的规定

（1）止水带宽度和材质的物理性能均应符合设计要求，且无裂缝和气泡；接头应采用热接，不得叠接，接缝平整、牢固，不得有裂口和脱胶现象。

（2）中埋式止水带中心线应和变形缝中心线重合，止水带不得穿孔或用铁钉固定。

（3）变形缝设置中埋式止水带时，混凝土浇筑前应校正止水带位置，表面清理干净，止水带损坏处应修补；顶、底板止水带的下侧混凝土应振捣密实，边墙止水带内外侧混凝土应均匀，保持止水带位置正确、平直，无卷曲现象。

（4）变形缝处增设的卷材或涂料防水层，应按设计要求施工。

3．施工缝的防水施工应符合的规定

（1）水平施工缝浇筑混凝土前，应清除其表面浮浆和杂物，铺水泥砂浆或涂刷混凝土界面处理剂并及时浇筑混凝土。

（2）垂直施工缝浇筑混凝土前，应将其表面清理干净，涂刷混凝土界面处理剂并及时浇筑混凝土。

（3）施工缝采用遇水膨胀橡胶腻子止水条时，应将止水条牢固地安装在缝表面预留槽内。

（4）施工缝采用中埋止水带时，应确保止水带位置准确、固定牢靠。

4. 后浇带的防水施工应符合的规定

（1）后浇带应在其两侧混凝土龄期达到 42 天后再施工。

（2）后浇带应采用补偿收缩混凝土，其强度等级不得低于两侧混凝土。

（3）后浇带混凝土养护时间不得少于 28 天。

5. 穿墙管道的防水施工应符合的规定

（1）穿墙管道止水环与主管或翼环与套管应连续满焊，并做好防腐处理。

（2）穿墙管道处防水层施工前，应将套管内表面清理干净。

（3）套管内的管道安装完毕后，应在两管间嵌入内衬填料，端部用密封材料填缝。柔性穿墙时，穿墙内侧应用法兰压紧。

（4）穿墙管道外侧防水层应铺设严密，不留接茬；增铺附加层时，应按设计要求施工。

6. 埋设件的防水施工应符合的规定

（1）埋设件端部或预留孔（槽）底部的混凝土厚度不得小于 250 mm；当厚度小于 250 mm 时，必须局部加厚或采取其他防水措施。

（2）预留地坑、孔洞、沟槽内的防水层，应与孔（槽）外的结构防水层保持连续。

（3）固定模板用的螺栓必须穿过混凝土结构时，螺栓或套管应满焊止水环或翼环；采用工具式螺栓或螺栓加堵头做法，拆模后应采取加强防水措施将留下的凹槽封堵密实。

7. 密封材料的防水施工应符合的规定

（1）检查黏结基层的干燥程度和接缝的尺寸，接缝内部的杂物应清除干净。

（2）热灌法施工应自下而上进行并尽量减少接头，接头应采用斜槎；密封材料熬制和浇灌温度，应按有关材料要求严格控制。

（3）冷嵌法施工应分次将密封材料嵌填在缝内，压嵌密实并与缝壁黏结牢固，防止裹入空气。接头应采用斜槎。

（4）接缝处的密封材料底部应嵌填背衬材料，外露密封材料上应设置保护层，其宽度不得小于 100 mm。

3.1.8 复合式衬砌

混凝土初期支护与二次衬砌中间设置防水层和缓冲排水层的隧道工程复合式衬砌适用于如下内容。

1. 初期支护的线流漏水或大面积渗水

初期支护的线流漏水或大面积渗水,应在防水层和缓冲排水层铺设之前进行封堵或引排。

2. 防水层和缓冲排水层铺设位置

防水层和缓冲排水层铺设的位置与内衬混凝土的施工距离均不应小于 5 m。

3. 二次衬砌采用防水混凝土浇筑时应符合的规定

（1）混凝土泵送时,入泵坍落度：墙体宜为 100~150 mm,拱部宜为 160~210 mm。

（2）振捣不得直接触及防水层。

（3）混凝土浇筑至墙拱交界处,应间隔 1~1.5 h 后方可继续浇筑。

（4）混凝土强度达到 2.5 MPa 后方可拆模。

3.1.9 盾构法隧道主要技术标准

在软土和软岩中采用盾构掘进和拼装钢筋混凝土管片方法修建的区间隧道结构适用于如下内容。

不同防水等级盾构隧道衬砌防水措施应按表 3—8 选用。

表 3—8　　　　　　　　盾构隧道衬砌防水措施

防水措施		高精度管片	接缝防水				混凝土和其他内衬	外防水涂层
			弹性密封垫	嵌缝	注入密封剂	螺孔密封圈		
防水等级	1级	必选	必选	应选	宜选	必选	宜选	宜选
	2级	必选	必选	宜选	宜选	应选	局部宜选	部分区段宜选
	3级	应选	应选	宜选	—	宜选	—	部分区段宜选
	4级	宜选	宜选	宜选	—	—	—	—

1. 钢筋混凝土管片制作应符合的规定

（1）混凝土抗压强度和抗渗压力应符合设计要求。

（2）表面应平整,无缺棱、掉角、麻面和露筋。

（3）单块管片制作尺寸允许偏差应符合表 3—9 的规定。

表3—9　　　　　　　　　单块管片制作尺寸允许偏差

项　目	允许偏差（mm）
宽度	±1.0
弧长、弦长	±1.0
厚度	+3，-1

钢筋混凝土管片同一配合比每生产5环应制作抗压强度试件一组，每生产10环制作抗渗试件一组；管片每生产2环应抽查一块做检漏测试，检验方法按设计抗渗压力保持时间不小于2 h，渗水深度不超过管片厚度的1/5为合格。若检验管片中有25%不合格时，应按当天生产管片逐块检漏。

2. 钢筋混凝土管片拼装应符合的规定

（1）管片验收合格后方可运至工地，拼装前应编号并进行防水处理。

（2）管片拼装顺序应先就位底部管片，然后自下而上左右交叉安装，每环相邻管片应均布摆匀并控制环面平整度和封口尺寸，最后插入封顶管片成环。

（3）管片拼装后螺栓应拧紧，环向和纵向螺栓应全部穿进。

3. 钢筋混凝土管片接缝防水应符合的规定

（1）管片至少应设置一道密封垫沟槽，粘贴密封垫前应将槽内清理干净。

（2）密封垫应粘贴牢固、平整、严密，位置正确，不得有起鼓、超长和缺口现象。

（3）管片拼装前应逐块对粘贴的密封垫进行检查，拼装时不得损坏密封垫。有嵌缝防水要求的，应在隧道基本稳定后进行。

（4）管片拼装接缝连接螺栓孔之间应按设计要求加设螺孔密封圈。必要时，螺栓孔与螺栓间应采取封堵措施。

3.1.10　隧道管片预注浆、后注浆

工程开挖前预计涌水量较大的地段或软弱地层采用的预注浆。工程开挖后处理围岩渗漏、回填衬砌壁后空隙采用的后注浆适用于如下内容。

1. 注浆材料应符合的要求

（1）具有较好的可注性。

（2）具有固结收缩小，良好的黏结性、抗渗性、耐久性和化学稳定性。

（3）无毒并对环境污染小。

（4）注浆工艺简单，施工操作方便，安全可靠。

2．不同土层采取的措施

在沙卵石层中宜采用渗透注浆法；在沙层中宜采用劈裂注浆法；在黏土层中宜采用劈裂或电动硅化注浆法；在淤泥质软土中宜采用高压喷射注浆法。

3．注浆浆液应符合的规定

（1）预注浆和高压喷射注浆宜采用水泥浆液、黏土水泥浆液或化学浆液。

（2）壁后回填注浆宜采用水泥浆液、水泥砂浆或掺有石灰、黏土、粉煤灰等的水泥浆液。

（3）注浆浆液配合比应经现场试验确定。

4．注浆过程控制应符合的规定

（1）根据工程地质、注浆目的等控制注浆压力。

（2）回填注浆应在衬砌混凝土达到设计强度的70%后进行，衬砌后围岩注浆应在充填注浆固结体达到设计强度的70%后进行。

（3）浆液不得溢出地面和超出有效注浆范围，地面注浆结束后注浆孔应封填密实。

（4）注浆范围和建筑物的水平距离很近时，应加强对邻近建筑物和地下埋设物的现场监控。

（5）注浆点距离饮用水源或公共水域较近时，注浆施工如有污染应及时采取相应措施。

3.1.11　衬砌裂缝注浆

衬砌裂缝渗漏水采用堵水注浆处理。裂缝注浆应待衬砌结构基本稳定和混凝土达到设计强度后进行。

1．裂缝堵漏

防水混凝土结构出现宽度小于2 mm的裂缝可视为无害裂缝，如产生渗漏水可采用水泥基结晶渗透型材料涂抹施工；宽度大于2 mm的混凝土裂缝产生渗漏水应采用化学注浆处理，注浆材料宜采用环氧树脂、聚氨酯、丙烯酸盐等浆液；除堵漏外，对需要补强的结构要考虑注浆的补强效果，注浆材料宜采用超细水泥、改性水泥浆液或特殊化学浆液。

2. 裂缝注浆所选用水泥的细度应符合的规定（见表3—10）

表3—10　　　　　　　　　　裂缝注浆水泥的细度

项目	普通硅酸盐水泥	磨细水泥	湿磨细水泥
平均粒径（D50，μm）	20~25	8	6
比表面积（cm²/g）	3 250	6 300	8 200

3. 衬砌裂缝注浆应符合的规定

（1）浅裂缝应骑槽粘埋注浆嘴，必要时沿缝开凿"V"槽并用水泥砂浆封缝。

（2）深裂缝应骑缝钻孔或斜向钻孔至裂缝深部，孔内埋设注浆管，间距应根据裂缝宽度而定，但每条裂缝至少有一个进浆孔和一个排气孔。

（3）注浆嘴和注浆管应设于裂缝的交叉处、较宽处及贯穿处等部位。对封缝的密封效果应进行检查。

（4）采用低压低速注浆，化学注浆压力宜为0.2~0.4 MPa，水泥浆灌浆压力宜为0.4~0.8 MPa。

（5）注浆后待缝内浆液初凝而不外流时，方可拆下注浆嘴并进行封口抹平。

3.1.12　地下连续墙

地下连续墙又称地下连续壁或连续地中壁。它是在地面上用特殊的挖槽设备，沿着深开挖工程的周边（例如地下结构物的边墙），在泥浆护壁的情况下，开挖一条狭长的深槽，在槽内放置钢筋笼并浇灌水下混凝土，筑成一段钢筋混凝土墙段。然后将若干墙段连接成整体，形成一条连续的地下墙体。地下连续墙适用于地下工程的主体结构、支护结构和复合式衬砌的初期支护，可供截水防渗或挡土承重之用。

地下连续墙用作地铁车站基坑的围护结构，主要有两类形式：一类是预制钢筋混凝土的连续墙；另一类是现浇钢筋混凝土连续墙。目前，我国大多采用现浇的钢筋混凝土连续墙。用作围护结构的地下连续墙又可分为：仅作为基坑的临时围护结构；既是临时围护结构又作为永久结构的边墙，即所谓单层墙；作为永久结构边墙一部分的重合墙和复合墙。由于地下连续墙的作用不同，所以，它和主体结构的连接方式也就不同。

地下连续墙具有刚度大、抗渗性能好、无振动、无噪声的特点，并能紧靠建筑物边缘施工。地下连续墙作为地铁车站深基坑的挡土维护结构，施工时对周围的环境影响小，适宜在城区建筑密集群内施工。

地下连续墙施工流程如图3—2所示，主要技术要求见表3—11。

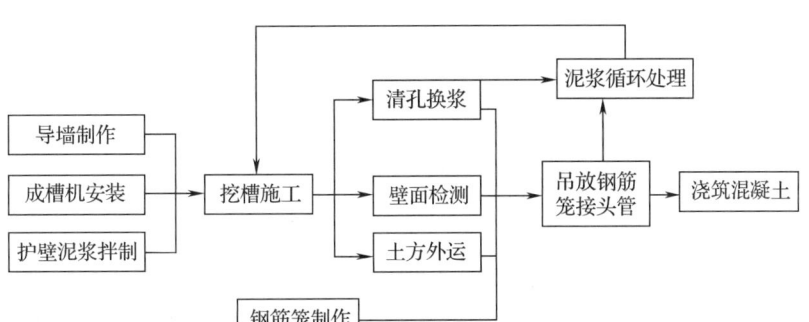

图 3—2 地下连续墙施工流程

表 3—11　　　　　　　　　地下连续墙施工主要技术要求

序号	要　　求
1	地下连续墙应采用防水混凝土，胶凝材料用量：采用卵石时不得少于 380 kg/m³，采用碎石时不得少于 400 kg/m³，坍落度宜为 180～200 mm
2	地下连续墙施工时，混凝土应按每一个单元槽段留置一组抗压强度试件，每五个单元槽段留置一组抗渗试件
3	叠合墙结构的地下连续墙与内衬结构连接处，应凿毛并清洗干净，必要时应做特殊防水处理
4	单元槽段接缝不宜设在拐角处；采用复合式衬砌时，墙体与内衬接缝宜相互错开
5	地下连续墙如有裂缝、孔洞、露筋等缺陷，应采用聚合物水泥砂浆及时修补；地下连续墙槽段接缝如有渗漏，应采用注浆等方式进行封堵或引排
6	地下连续墙分项工程检验批的抽检数量，应按连续墙每 10 个槽段抽查 1 个槽段

3.1.13　逆筑结构

按主体结构的施工顺序，盖挖法可分为盖挖顺作法、盖挖逆作法、盖挖半逆作法，其中，盖挖逆作法应用最多。

如果开挖面较大、覆土较浅、周围沿线建筑物过于靠近，为尽量防止因开挖基坑而引起邻近建筑物的沉陷或需及早恢复路面交通，但又缺乏定型覆盖结构，常采用盖挖逆作法施工。

盖挖逆作法施工步骤为：先在地表面向下做基坑的围护结构和中间桩柱，与盖挖顺作法一样，基坑围护结构多采用地下连续墙，或钻孔灌注桩，或人工挖孔桩，中间桩柱则多利用主体结构本身的中间立柱以降低工程造价。随后即可开挖表层土至主体结构顶板底面标高，利用未开挖的土体作为土模浇筑顶板。它还可以作为一道强有力的横撑，以防止围护结构向基坑内变形，待回填土后将道路复原，恢复交通。以后的工作都是在顶板覆盖下进行，即自上而下逐层开挖并建造主体结构直至底板。在特别软弱的地层中且邻近地面建筑物时，除以顶、楼板作为围护结构的横撑外，还需设置一定数量的临时横撑，并施加不小于横撑设计轴力70%~80%的预应力。

采用盖挖逆作法施工时，若采用单层墙或复合墙，结构的防水层较难做好。只有采用双层墙，即围护结构与主体结构墙体完全分离，无任何连接钢筋，才能在两者之间敷设，但外贴防水层做不到顶边、底部完整闭合。

盖挖逆作法施工时，顶板一般都搭接在围护结构上，以增加顶板与围护结构之间的抗剪能力和便于顶板铺设防水层。所以，需将围护结构外露部分凿除，或将围护结构仅做到顶板搭接处标高，其余高度使用便于拆除的临时挡土结构围护，如图3—3所示。

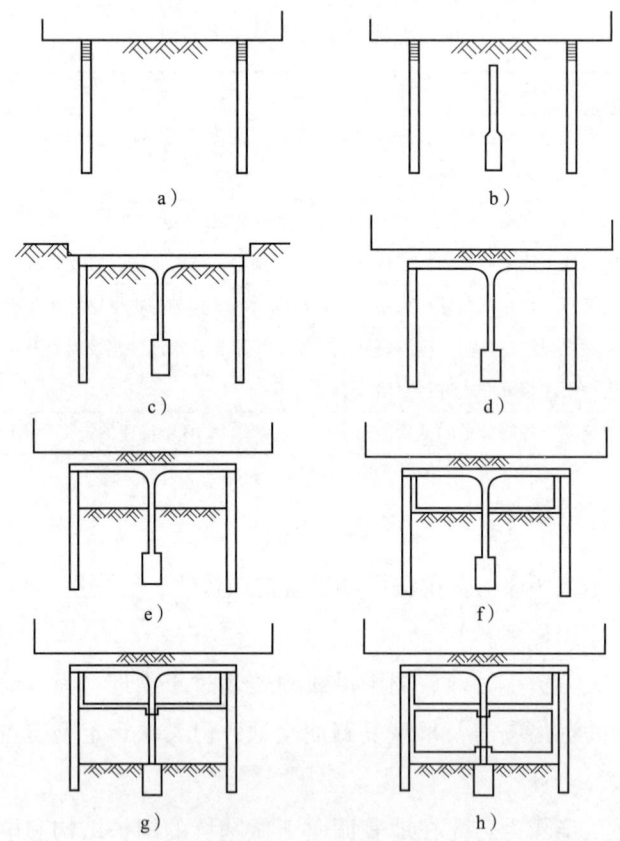

图3—3 盖挖逆作法施工步骤示意

a) 构筑维护结构 b) 构筑主体结构中间立柱 c) 构筑顶板 d) 回填土、恢复路面 e) 开挖中层土
f) 构筑上层主体结构 g) 开挖下层土 h) 构筑下层主体结构

1. 逆作法的主要优点

（1）由于结构本身用来作为支撑，所以它具有相当高的刚度。这样使挡墙的应力

减小，提高了施工的安全性，也减小了对周边环境的影响。

（2）适用于任何不规则形状平面或大平面。

（3）由于最先筑好顶板，可以与地下施工并行，同时展开地上结构的施工，缩短了整体工程的工期。

（4）一层结构平面可作为工作台，不必另外架设开挖工作台，大幅度削减了支撑和工作平台等大型临时设施，减少了这部分施工费用。

（5）由于开挖和施工的交错进行，逆作结构的自身荷载由立柱直接承担并传递至地基，减少了大开挖时卸载对持力层的影响，降低了地基回弹量。

2．逆作法的主要缺点

（1）需要设临时立柱和立柱桩，增加了施工费用。由于支撑为建筑结构本身，自重大，为防止不均匀沉降，要求立柱具有足够的承载力。

（2）逆作法所设立柱内钢骨与原设计设置的梁主筋、梁基础主筋冲突相碰。

（3）为搬运开挖出的沙土，需在顶板处多处设置临时孔，必须对顶板采用加强措施。

（4）地下工程在板下进行施工，闭锁的空间使大型机械设备难以进场，带来了施工作业上的不方便。

（5）混凝土的浇筑在逆作法施工的各个阶段都分为先浇和后浇，产生先后交接处，这不仅给施工带来不便，而且为避免结构、防水等问题，对施工计划及质量管理提出了很高的要求。

3.2 放样施工

学习目标

✓ 了解工程图的制图原理，掌握工程图的认读方法
✓ 了解测量放样的相关知识
✓ 掌握变形缝、整体道床的堵漏工艺

知识要求

3.2.1 工程图识图

1．投影的概念及分类

在日常生活中，经常可以看到物体在阳光或灯光的照射下，会在地面或墙面上留

下影子，这种影子的内部灰黑一片，只能反映物体外形的轮廓，不能表达物体的本来面目，如图3—4a所示。

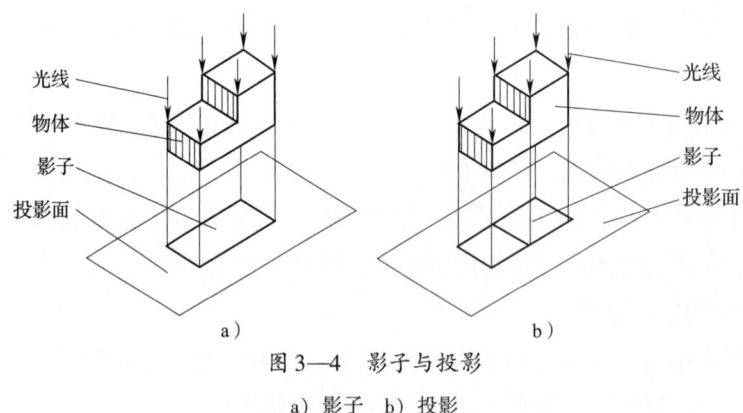

图3—4 影子与投影
a）影子 b）投影

人们对自然界的这一物理现象加以科学的抽象和概括，把光线抽象为投影线，把物体抽象为形体（只研究其形状、大小、位置，而不考虑其物理性质和化学性质），把地面抽象为投影面，即假设光线能穿透物体，而将物体表面上的各个点和线都在承接影子的平面上落下它们的影子，从而使这些点、线的影子组成能够反映物体形状的"线框图"，如图3—4b所示。这样形成的"线框图"称为投影。把能够产生光线的光源称为投影中心，光线称为投影线，承接影子的平面称为投影面。这种把空间形体转化为平面图形的方法称为投影法。要产生投影必须具备投射线、形体、投影面。这就是投影的三要素。

2. 工程上常用的投影图

工程上常用的投影图有正投影图、轴测投影图、透视投影图、标高投影图。

（1）正投影图。用正投影法把形体向两个或两个以上互相垂直的投影面进行投影，再按一定的规律将其展开到一个平面上，所得到的投影图称为正投影图，如图3—5a所示。它是工程上最主要的图样。

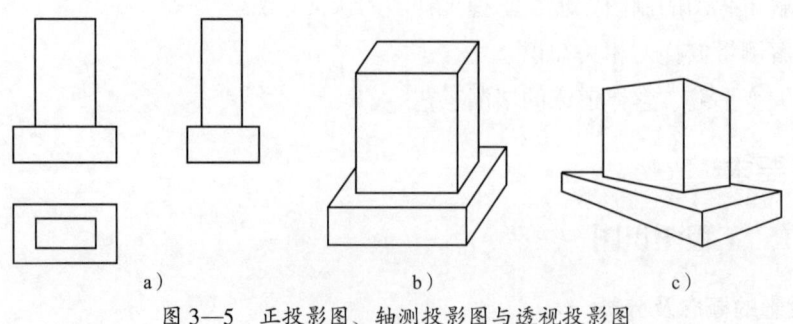

图3—5 正投影图、轴测投影图与透视投影图
a）正投影图 b）轴测投影图 c）透视投影图

这种图的优点是能准确地反映物体的形状和大小，作图方便，度量性好；缺点是立体感差，不易看懂。

(2) 轴测投影图。轴测投影图是物体在一个投影面上的平行投影，简称轴测图。将物体安置于投影面体系中合适的位置，选择适当的投射方向，即可得到这种富有立体感的轴测投影图，如图3—5b所示。这种图立体感强，容易看懂，但度量性差，作图较麻烦，并且对复杂形体也难以表达清楚，因而工程中常用作辅助图样。

(3) 透视投影图。透视投影图是物体在一个投影面上的中心投影，简称透视图。这种图形象逼真，如照片一样，但度量性差，作图繁杂，如图3—5c所示。在建筑设计中常用透视投影来表现建筑物建成后的外貌。

(4) 标高投影图。标高投影图是一种带有数字标记的单面正投影图。它用正投影反映物体的长度和宽度，其高度用数字标注。这种图常用来表达地面的形状。作图时将间隔相等而高程不同的等高线（地形表面与水平面的交线）投影到水平的投影面上，并标注出各等高线的高程，即为标高投影面。这种图在土木工程中被广泛应用。

由于正投影法被广泛地用来绘制工程图样，所以正投影法是本书介绍的主要内容，以下所说的投影，如无特殊说明均指正投影。

3．正投影法的基本原理

工程上绘制图样的方法主要是正投影法。这种方法画图简单，画出的图形真实，度量方便，能够满足设计与施工的需要。

用一个投影图来表达物体的形状是不够的，因为其投影只能反映一个面的形状和大小。单凭这个投影图来确定物体的唯一形状，是不可能的。

如果对一个较为复杂的物体，只向两个投影面作其投影时，其投影也只能反映两个面的形状和大小，也不能确定物体的唯一形状。要凭两面的投影来区分它们的形状是不可能的。可见，若使正投影图能唯一确定物体的形状，就必须采用多面正投影的方法，为此，设立了三面投影体系。

(1) 三面投影体系的建立。为了使正投影图能唯一确定较复杂物体的形状，设立三个互相垂直的平面作为投影面，组成一个三面投影体系，如图3—6所示。水平投影面用 H 标记，简称水平面或 H 面；正立投影面用 V 标记，简称正立面或 V 面；侧立投影面用 W 标记，简称侧面或 W 面。两投影面的交线称为投影轴。H 面与 V 面的交线为 OX 轴，H 面与 W 面的交线为 OY 轴，V 面与 W 面的交线为 OZ 轴，它们也互相垂直，并交汇于原点 O。

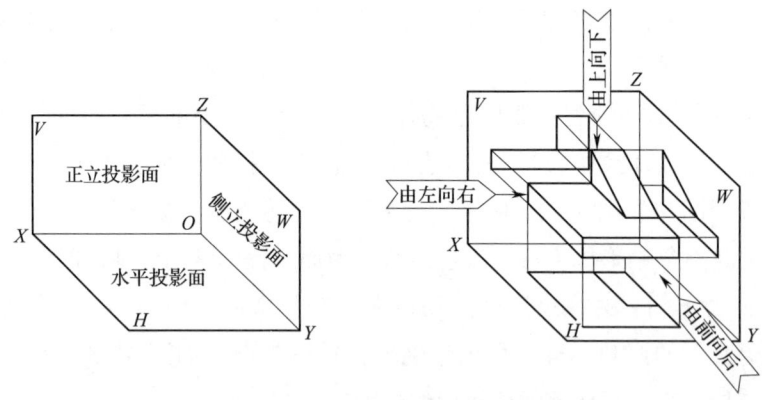

图 3—6 三面投影体系、三面投影图的形成

（2）三面投影图的形成。将物体放置于三面投影体系中，并注意安放位置适宜，即把物体的主要表面与三个投影面对应平行，然后用三组分别垂直于三个投影面的平行投射线进行投影，即可得到三个方向的正投影图，如图 3—6 所示。从上向下投影，在 H 面上得到水平投影面，简称水平投影或 H 投影；从前向后投影，在 V 面得到正面投影图，简称正面投影或 V 投影；从左向右投影，在 W 面上得到侧面投影图，简称侧面投影或 W 投影。

为了把互相垂直的三个投影面上的投影画在一张二维的图纸上，必须将其展开，如图 3—7a 所示。实际绘图时，在投影图外不必画出投影面的边框，不需注写 H、V、W 字样，也不必画出投影轴，如图 3—7b 所示，这就是形体的三面正投影图，简称三面投影。习惯上将这种不画投影面边框和投影轴的投影图称为"无轴投影"，工程中的图样均是按照"无轴投影"绘制的。

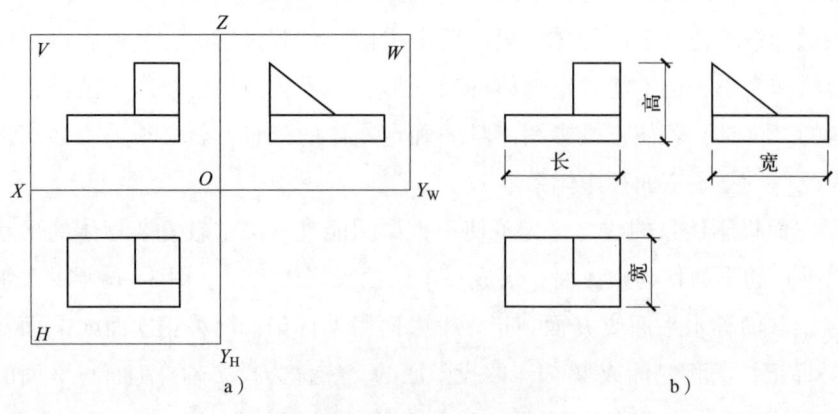

图 3—7 形体的三面投影

a) 三面投影图 b) 三面投影的尺寸

(3) 三面投影图的投影关系。在三面投影体系中，物体的 X 轴方向尺寸称为长度，Y 轴方向尺寸称为宽度，Z 轴方向尺寸称为高度，如图 3—7a 所示。在物体的三面投影中，水平投影图和正面投影图在 X 轴方向都反映物体的长度，它们的位置左右应对正，即"长对正"。正面投影图和侧面投影图在 Z 轴方向都反映物体的高度，它们的位置上下应对齐，即"高平齐"；水平投影图和侧面投影图在 Y 轴方向都反映物体的宽度，这两个宽度一定相等，即"宽相等"。

"长对正、高平齐、宽相等"称为"三等关系"，它是形体的三面投影图之间最基本的投影关系，是画图和读图的基础。

(4) 三面投影图的方位关系。物体在三面投影体系中的位置确定后，相对于观察者，它在空间就有上、下、左、右、前、后六个方位，如图 3—8a 所示。这六个方位关系也反映在形体的三面投影图中，每个投影图都可反映出其中四个方位。V 面投影反映物体的上下、左右关系，H 面投影反映物体的前后、左右关系，W 面投影反映物体的前后、上下关系，如图 3—8b 所示。

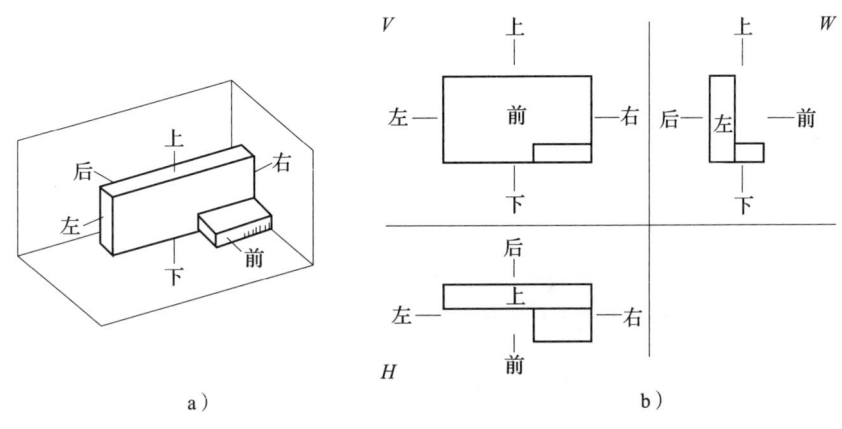

图 3—8 三面投影图的方位关系和位置

a) 三面投影图的方位关系　b) 三面投影图的位置

4. 施工图样的组成

(1) 施工图样的分类。施工图样根据其内容和各工种不同可进行分类。

1) 施工首页图（简称首页图）包括图样目录和设计总说明。

2) 建筑施工图（简称建施）。其主要用来表示建筑物的规划位置、外部造型、内部各房间的布置、内外装修、构造和施工要求等。其内容主要包括总平面图、各层平面图、立面图、剖面图和详图。

3）结构施工图（简称结施）。其主要表示建筑物承重结构的结构类型、结构布置、构造种类、数量、大小和作法。其内容包括结构设计说明、结构平面布置图和构造详图。

4）设备施工图（简称设施）。其主要表示建筑物的给水排水、暖气通风、供电照明、燃气等设备的布置和施工要求等，主要包括各种设备的布置图、系统图和详图等内容。

（2）施工图样的编排顺序。施工图样应按专业顺序编排，一般应为图样目录、总图和说明、建筑图、结构图、给水排水图、电气图、动力图等。

5. 施工图样的一般规定

为了使房屋建筑制图规格基本统一，图面清晰简明，保证图样质量，符合设计、施工、存档的要求，以适应国家工程建设的需要，由住建部会同有关部门批准并颁布了一系列制图国家标准。该标准要求所有工程技术人员在设计、施工、管理中必须严格执行。

图纸幅面是指图纸本身的大小规格。图框是图纸上所供绘图的范围的边线。

图纸的幅面和图框尺寸应符合表3—12的规定。

表3—12　　　　　　　　图纸幅面和图框尺寸　　　　　　　　　　　　mm

尺寸代号 \ 幅面代号	A0	A1	A2	A3	A4
$b \times l$	841×1 189	594×841	420×594	297×420	210×297
c	10	10	10	5	5
a	25	25	25	25	25

尺寸代号、标题栏位置，如图3—9所示。

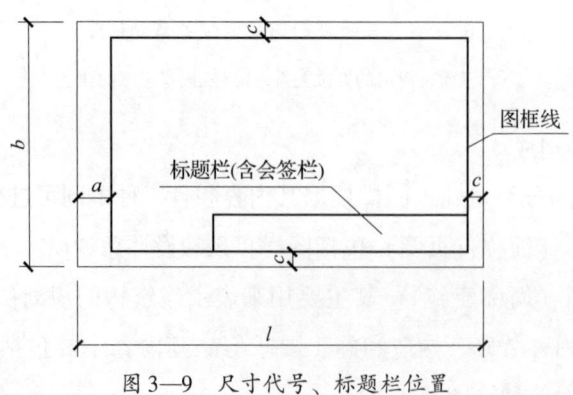

图3—9　尺寸代号、标题栏位置

图纸标题栏的内容见表3—13。

表3—13　　　　　图纸标题栏的内容

设计单位名称区	注册执业章区	图纸会签区	加盖设计出图专用章区	工程名称区	设计编号	图号
					设计阶段	日期
				项目名称区	签字区	
				图名区		

（1）比例。图样的比例，应为图形与实物相对应的线型尺寸之比。比例的大小是指其比值的大小，如1∶50、1∶100、1∶200等。比例宜注写在图名的右侧，并优先选用常用比例。一般情况下，一个图样应选用一种比例。

（2）尺寸及单位。施工图中均注有尺寸，作为施工制作的主要依据。尺寸由数字及单位组成。总图以m为单位，其余均以mm为单位。

（3）定位轴线。定位轴线是用来确定建筑物主要结构及构件位置的尺寸基准线。凡承重构件如墙、柱、梁、屋架等位置都要画上定位轴线并进行编号，施工时以此作为定位的基准。定位轴线用单点长画线表示，端部画细实线圆，直径为8～10 mm。定位轴线圆的圆心应在定位轴线的延长线上或延长线的折线上。圆内注明编号。

在建筑平面上定位轴线的编号，宜标注在图样的下方或左侧。横向编号应用阿拉伯数字，从左至右顺序编写；竖向编号应用大写拉丁字母，从下至上顺序编写，如图3—10所示。大写拉丁字母中的I、O、Z三个字母不得用为轴线编号，以免与数字1、0、2混淆。

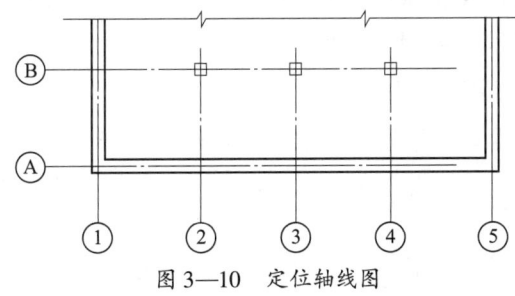

图3—10　定位轴线图

（4）标高。建筑物各部分的高度用标高表示。标高符号应以直角等腰三角形表示，表示方法用符号"▽——"。下面横线为某处高度的界线，符号上面注明标高，总平面图的室外整平标高采用"▼"表示。标高单位用米（m）。标高分为绝对标高和相对标高两种。

绝对标高：我国把青岛的黄海平均海水面定为绝对标高的零点，其他各地标高都以它作为基准。

相对标高：把室内首层地面标高定为相对标高的零点，写作"±0.000"。高于它的为正，但一般不注"＋"符号，例如 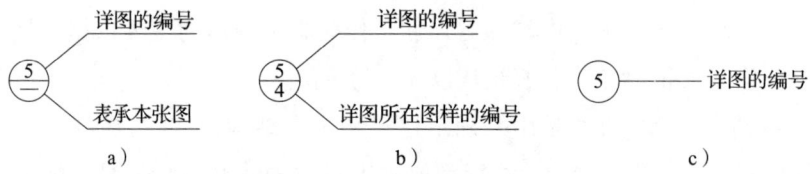。低于它的为负，必须注明符号"－"，例如 表示比首层室内地面标高低 300 mm。一般在总说明中说明相对高与绝对标高的关系，例如 ±0.000 = 39.80 m。

（5）索引号。为便于看图时查找相互有关的图样，故设置索引号。索引号反映基本图样与详图之间、详图与详图之间、有关工种图样之间的关系。索引号的注写方法如图 3—11 所示。

图 3—11　索引号的注写方法

a）所索引的详图在本张图上　b）所索引的详图不在本张图上　c）详图的索引标志

（6）多层构造引出线。多层构造引出线，应通过被引出的各层。文字说明注写在水平线的上方，或注写在水平线的端部，说明的顺序应由上至下，并应与被说明的层次相互一致；如层次为横向顺序，则由上至下说明顺序应与由左至右的层次顺序相互一致。

（7）剖切符号。建（构）筑物剖面图的剖切符号宜注在 ±0.000 标高的平面上。

剖视剖切符号的编号宜采用阿拉伯数字，按顺序由左至右、由下至上连续编排，并应注写在剖视方向线的端部，如图 3—12 所示。

断面剖切符号的编号宜采用阿拉伯数字，按顺序连续编排，并应注写在剖切位置线的一侧；编号所在的一侧应为该断面的剖视方向，如图 3—12 所示。

图 3—12　剖视的剖切符号、断面的剖切符号

(8) 指北针。指北针的形状如图 3—13 所示，其圆的直径为 24 mm，用细实线绘制；指针尾部的宽度宜为 3 mm，指针头部应注"北"或"N"字。

(9) 其他符号。对称符号由对称线和两端的两对平行线组成，如图 3—13 所示。

连接符号应以折断线表示需连接的部位。两部位相距过远时，折断线两端靠图样一侧应标注大写拉丁字母表示连接编号。两个被连接的图样必须用相同的字母编号，如图 3—13 所示。

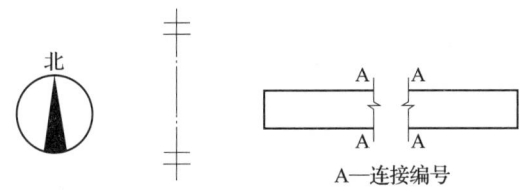

图 3—13 指北针、对称符号和连接符号

6. 阅读房屋建筑工程图的方法

(1) 阅读房屋建筑工程图应注意的问题

1) 施工图是根据正投影原理绘制的，用图样表明房屋建筑的设计及构造作法。所以要看懂施工图，应掌握正投影原理和熟悉房屋建筑的基本构造。

2) 施工图采用了一些图例符号和必要的文字说明，共同把设计内容表现在图样上。因此要看懂施工图，还必须记住常用的图例符号。

3) 看图时要注意从粗到细，从大到小。先粗看一遍，了解工程的概貌，然后再仔细看。细看时应先看总说明和基本图样，然后再深入看构件图和详图。

4) 一套施工图是由各工种的许多张图样组成，各图样之间是互相配合紧密联系的。图样的绘制大体是按照施工过程中不同的工种、工序分成一定的层次和部位进行的，因此要有联系、综合地看图。

5) 结合实际看图。根据实践、认识、再实践、再认识的规律，看图时联系生产实践，就能比较快地掌握图样的内容。

(2) 标准图的阅读。在施工中有些构配件和构造作法，经常直接采用标准图集，因此阅读施工图前要查阅本工程所采用的标准图集。

1) 标准图集的分类。我国编制的标准图集，按其编制的单位和适用范围的情况大体可分为三类。

①经国家批准的标准图集，供全国范围内使用。全国通用的标准图集，通常采用"J×××"或"建×××"代号表示建筑标准配件类的图集，用"G×××"或"结

×××"代号表示结构标准构件类的图集,例如03G101、03J930等。

②经各省、市、自治区等地方批准的通用标准图集,供本地区使用,例如辽G107等。

③各设计单位编制的标准图集,供本单位设计的工程使用。

2)标准图的查阅方法

①根据施工图中注明的标准图集名称、编号和编制单位,查找相应的图集。

②阅读标准图集时,应先阅读总说明,了解编制该标准图集的设计依据和使用范围、施工要求和注意事项等。

③根据施工图中的详图索引编号查阅详图,核对有关尺寸及套用部位等要求,以防差错。

3)阅读房屋建筑工程图的方法。阅读图样应该按顺序进行。

①先读首页图。包括图样目录、设计总说明、门窗表、经济技术指标等。

②读总平面图。包括地形地势特点、周围环境、坐标、道路等情况。

③读建筑施工图。从标题栏开始,依次读平面形状、尺寸和内部组成,建筑物的内部构造形式、分层情况和各部位连接情况等,了解立面造型、装修、标高等,了解细部构造、大小、材料、尺寸等。

④读结构施工图。从结构设计说明开始,包括结构设计的依据、材料标号和要求、施工要求、标准图选用等。读基础平面图,包括基础的平面布置和基础与墙、柱轴线的相对位置关系,以及基础的断面形状、大小、基底标高、基础材料及其他构造做法,还要读懂梁、板等的布置,以及构造配筋、屋面结构布置等,乃至梁、板、柱、基础、楼梯的构造做法。

⑤读设备施工图。包括管道平面布置图、管道系统图、设备安装图、工艺图等。读图时注意工种之间的联系,前后照应。

3.2.2 施工测量放样

1. 施工测量放样概述

施工测量以地面控制点为基础,但却是根据图样上的建筑物的设计尺寸,计算出各部分的特征点与控制点之间的距离、角度(或方位角)、高差等数据,将建筑物的特征点在实地标定出来,以便施工,这项工作又称放样。

2. 施工测量放样的目的和内容

施工测量放样的目的是按照设计和施工的要求将设计的建筑物、构筑物的平面位置在地面上标定出来,作为施工的依据,并在施工过程中进行一系列的测量工作,以衔接和指导各工序之间的施工。

施工测量放样贯穿于整个施工过程中。从场地平整、建筑物定位、基础施工，到建筑物构件的安装等工序，都需要进行施工测量，才能使建筑物、构筑物各部分的尺寸、位置符合设计要求。其主要内容包括四点。

（1）建立施工控制网。

（2）建筑物、构筑物的详细放样。

（3）检查、验收。每道施工工序完工之后，都要通过测量检查工程各部位的实际位置、高程是否与设计要求相符。

（4）变形观测。随着施工的进展，测定建筑物在平面和高程方面产生的位移和沉降，收集整理各种变形资料，作为鉴定工程质量和验证工程设计、施工是否合理的依据。

3．施工测量放样的规则

为了保证施工能满足设计要求，施工测量放样必须遵循"由整体到局部，先控制后细部"的原则，即先在施工现场建立统一的施工控制网，然后以此为基础，再放样建筑物的细部位置。采取这一原则，可以减少误差积累，保证放样精度，免除因建筑物众多而引起放样工作的紊乱。

4．放样的基本工作

测量的基本工作是测量距离、测量角度和测量高差。放样的基本工作与之相近，它是放样已知水平距离、已知水平角和已知高程。

（1）放样已知水平距离。放样已知水平距离就是根据已知的起点、线段方向和两点间的水平距离找出另一端点的地面位置。放样已知水平距离所用的工具与丈量地面两点间的水平距离相同，即钢尺和光电测距仪（或全站仪）。

（2）放样已知水平角。放样已知水平角就是根据水平角的已知数据和一个已知方向，把该角的另一个方向放样在地面上。

（3）放样已知高程。放样已知高程就是将设计高程测设在指定桩位上。高程放样主要采用水准测量的方法，有时也采用钢尺直接量取竖直距离或三角高程测量的方法。

5．点的平面位置放样

点的平面位置放样常用方法有极坐标法、角度交会法、距离交会法和直角坐标法。至于选用哪种方法，应根据控制网的形式、现场情况、精度要求等因素进行选择。

6．全站仪坐标放样法

全站仪坐标放样法的本质是极坐标法，它能适合各类地形情况，而且精度高、操作简便，在生产实践中已被广泛采用。

放样前，将全站仪置于放样模式，向全站仪输入测站点坐标、后视点坐标（或方位角），再输入放样坐标，准备工作完成之后，用望远镜照准棱镜，按坐标放样功能键，则可立即显示当前棱镜位置与放样点位置的坐标差。根据坐标差值，移动棱镜位置，直至坐标差值为零，这时，棱镜所对应的位置就是放样点位置，然后，在地面做出标志。

3.2.3 基面的处理

基面处理是防水施工的关键，没处理好的基面难以形成良好的防水层。

1. 防水浆料对基面的要求

（1）底材必须坚固、平整、干净，无灰尘、油腻、蜡、脱模剂等及其他碎屑物质。

（2）基面有孔隙、裂缝、不平等缺陷的，须预先用水泥砂浆修补抹平，伸缩缝建议粘贴塑胶条，节点须加一层无纺布，管口填充建议使用管口灌浆料填充。

（3）阴阳角处应抹成圆弧形（或V字形）。

（4）确保基面充分湿润，但无明水。

（5）新浇筑的混凝土面（包括抹灰面）在施工前应让其干固完全。

2. 良好基面的益处

（1）方便涂刷。干净、平整的基面能够大大提高施工效率，而且涂刷起来容易，节约工时和成本。

（2）防止漏刷。干净、平整、坚固的基面涂刷时比较均匀，防止因为漏刷导致渗漏或者是不均匀涂刷导致的防水层过厚开裂引发渗漏。

（3）防水层不易被刺穿。有杂质的基面涂刷防水浆料后容易被刺穿，形成裂缝引发渗漏危机。

（4）节约防水材料。平整干净的基面有益于均匀涂刷防水浆料，能大大节约材料，防止浪费。

（5）坚固的基面能让防水层与其牢牢粘接，不易脱落。

3.2.4 钢板止水带安装

主体结构施工缝处采用钢板腻子止水带，其中底板采用不锈钢边橡胶止水带。

钢板腻子止水带先埋入一部分，在混凝土浇筑至止水带高程后撕去要埋入混凝土内一半的保护膜，另一半在后期基面清理干净、钢筋安装后模板安装之前再撕去。

止水带水平接头、交叉接头搭接处除按照设计要求采用螺栓连接外,另外采用主体防水卷材专用的自粘胶条将接头缠裹加强。

底板上下层钢筋安装完成后沿施工缝方向间隔 450 mm 挂通线安装竖向钢管外撑(兼做止水带固定架),如图 3—14 所示,钢管与上下层纵向钢筋之间采用十字扣件固定,扣件与钢筋之间夹方木楔,竖向钢管外撑焊接上下两个"["形钢筋,采用 $\phi 16$ mm 钢筋加工,在作为施工缝模板外撑的同时兼做止水固定卡。

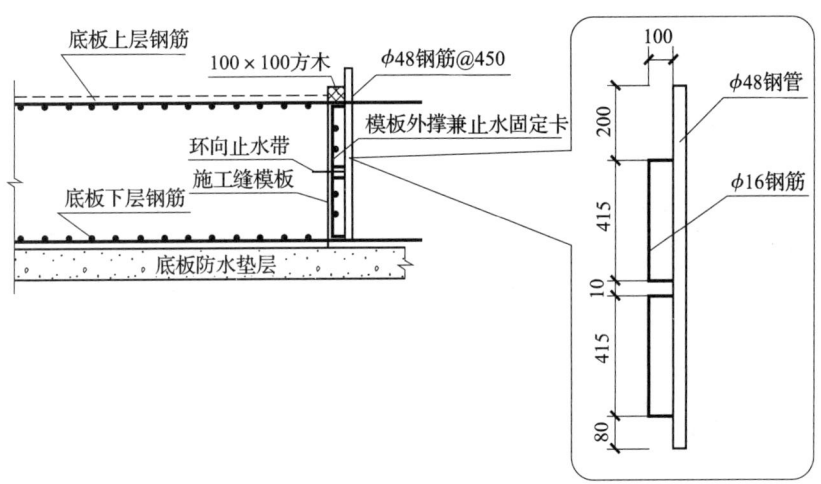

图 3—14 钢管外撑详图

3.2.5 纤维布粘贴

1. 所需材料和工器具(见表 3—14、表 3—15)

表 3—14　　　　　　　纤维类材料加固施工作业材料

序号	名称	规格	单位	数量	备注
1	纤维布		m²/m²	1	主材
2	浸渍树脂	爱牢达 XD4734/4735	kg/m²	1.5	主材
3	快干水泥	—	—	—	辅材,嵌缝
4	普通水泥	—	—	—	辅材,嵌缝
5	801 胶水		—	—	辅材,嵌缝

表3—15　　　　　　　　　　纤维类材料加固施工作业工器具

序号	名称	规格	单位	数量	备注
1	护目镜	—	副	4	—
2	防尘口罩	—	个	4	—
3	角向磨光机	—	台	1	—
4	扁铲	—	个	1	—
5	金刚石磨盘	直径100 mm 孔径16 mm	片	30	博深
6	塑料板刷	—	个	2	—
7	手套	—	双	8	—
8	磅秤	—	台	1	—
9	锤子	—	个	1	—
10	铝合金脚手架	—	副	1	—
11	扳手	—	个	1	—
12	拖线盘	—	个	2	—
13	照明灯	—	个	2	—
14	搅拌桶	—	个	2	—
15	墨斗或石笔	—	只	10	—
17	安全帽	—	只	4	—

2．操作程序

（1）操作程序如图3—15所示。

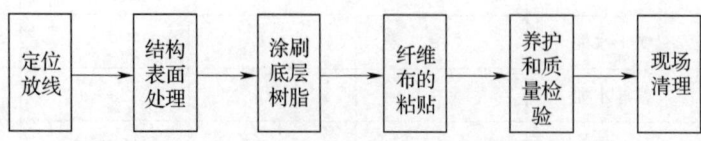

图3—15　纤维类材料加固施工作业操作程序

(2) 操作程序

1) 定位放线。先现场根据施工图确定加固范围，然后用墨斗弹出加固范围线。

2) 结构表面处理

①用扁铲清除被加固构件表面的浮渣、装饰层和剥落、疏松、腐蚀等劣化混凝土，露出混凝土结构层，并用水泥将表面修复平整。

②若结构存在裂缝须进行灌缝或封缝处理。

③转角处须进行倒角处理成圆弧状，圆弧半径不应小于 20 mm。

④将打磨过的构件表面，用无油压缩空气吹除粉尘，并保持表面清净。

⑤对于湿度较大的混凝土构件，应先进行人工干燥处理，然后再进行下道工序。

3) 配制并涂刷底层树脂

①采用人工或机械搅拌方法，按照材料规定的比例，XD4734（黄）：XD3735（蓝）=3：1，将树脂组分混合在一起并搅拌均匀。

②用板刷将底层树脂均匀涂抹于清洁的混凝土表面，不得漏涂。

4) 浸渍树脂的配制与纤维布的粘贴

①按树脂材料使用比例将浸渍树脂配制好，XD4734（黄）：XD3735（蓝）=3：1。

②按设计尺寸裁剪好纤维布。

③将浸渍树脂液均匀地涂抹于所要粘贴纤维布的结构表面。

④用板刷沿纤维方向多次刮压，挤除气泡，并使浸渍树脂充分浸透纤维布。

⑤最后在纤维布表面均匀涂抹一层浸渍树脂。

⑥在室温下，浸渍树脂的固化时间为 2.5 h，在施工时，因 16：30 时压道车巡道，若胶水未凝固将有脱落侵限风险，所以在 14：00 点以后不得进行纤维布的粘贴。

5) 养护和质量检验

①树脂固化前，须避免扰动已粘贴好的纤维布。

②施工期间，若温度太低，应采取加温措施，以加速固化。

③质量检验允许误差：尺寸位置偏差≤20 mm，粘贴空鼓率≤5%且单个空鼓面积≤100 cm^2，若大于 100 cm^2，须重新粘贴纤维布。

6) 验收要求

①施工时最低气温不得低于 5℃。

②放线定位尺寸位置偏差≤20 mm。

③避免雨天、烈日下施工。

④施工结束后,用锤子等工具敲击纤维布表面,以回声来判定粘贴效果,粘贴空鼓率≤5%,且单个空鼓面积≤100 cm²,若大于100 cm²,须重新粘贴纤维布。

7)安全措施

①建立安全生产责任制,责任落实到人。

②工人上岗前进行安全教育,针对本工程的特点进行安全生产教育,培养安全生产必备的基本知识和技能。

③建立安全防护制度,施工中严格执行安全相关制度,关键工序施工时,技术人员、安全员跟班作业,现场监督。

④施工人员应戴好防护用具、穿工作服。

⑤多余树脂和纤维布等材料应及时回收处理,不可乱扔,包装袋、空桶和用后手套等废弃物应回收。

⑥应做到工完料清,施工使用的材料器具在施工结束后全部撤出现场,由现场施工负责人确认后方可取消施工计划点。

3.2.6 变形缝施工

地铁车站主体与出入口通道之间通常设置两道变形缝以适应结构沉降变形,其中第一条变形缝背水面通常采用内装可卸式止水带。出入口变形缝防水构造如图3—16所示。

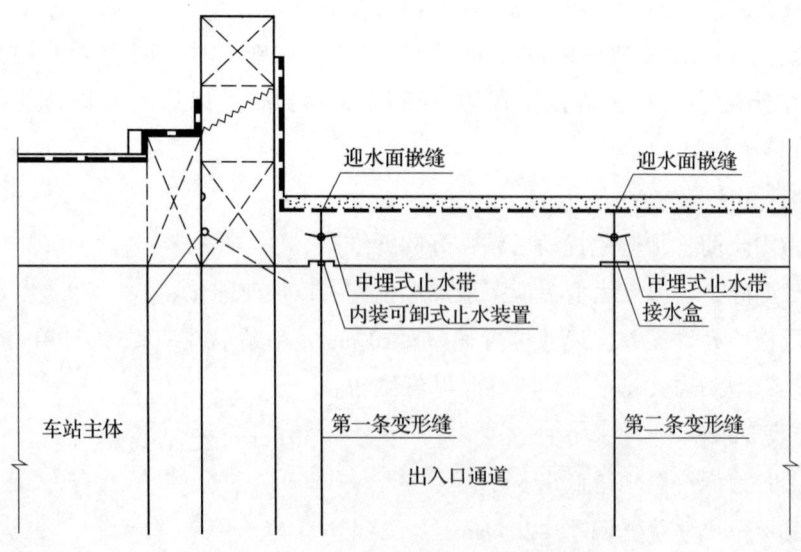

图3—16 出入口通道变形缝防水构造

1. 无可卸式止水带的变形缝渗漏治理方法

（1）方法 a。从变形缝两侧垂直钻孔，钻至中埋式止水带两翼（橡胶或钢板上），设置压环式单向止逆注浆嘴，以中压压注亲水性环氧浆液或丙烯酸盐浆液止水（见图 3—17 中标记 a 处）。此方法适用于比较顽固的渗漏，尤其适宜对顶部变形缝滴水、渗漏的处理。

注浆参数：

——注浆压力：0.3~0.8 MPa。

——注浆终止条件：$Q > 25$ L/m，$P > 0.8$ MPa，达到两个条件之一。

——注浆布孔：沿缝两侧各 10~15 cm，间距 25~30 cm，错位布孔。垂直钻 $d = 14$ mm 的注浆孔至中埋式止水带面。

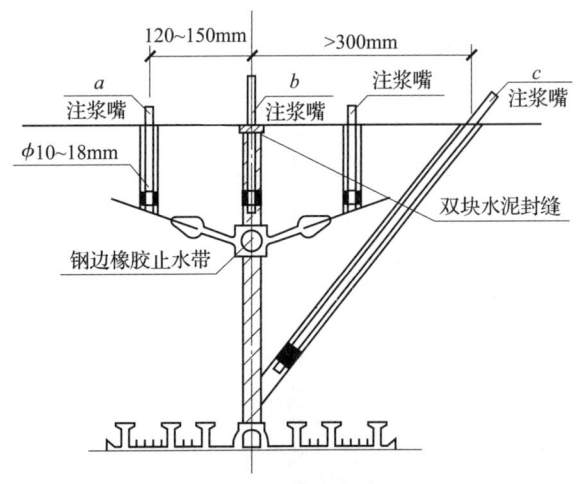

图 3—17 变形缝注浆堵漏钻孔布置示意

（2）方法 b。直接沿变形缝缝口钻直孔至止水带中孔位置的橡胶面（见图 3—17 标记 b 处），然后击入同直径的金属管，用快硬水泥临时封缝，以部分金属管引出漏水，另外的金属管压注油溶性聚氨酯浆液。此方法适用于变形缝突发严重渗水、涌水。

注浆参数：

——注浆压力：0.3~0.5 MPa 低压注浆。

——注浆终止条件：浆液从封头注浆孔或观察孔逸出，$P > 0.5$ MPa，达到两个条件之一。

——注浆布孔：沿缝间 100~250 cm 中心布孔。垂直钻孔直径应大于缝宽 5 mm，钻孔深至中埋式止水带面。

(3) 方法 c。钻斜孔到止水带背后的变形缝（见图 3—17 标记 c 处），采用超长型单向止逆、压环式注浆。这时宜用优质聚氨酯浆液注浆，也可在判断外贴式止水带撕开失效时，先用水泥水玻璃双液注浆，直至地层，再用聚氨酯浆液补浆。此方法适用于漏水量较大的变形缝。

注浆参数：

——注浆压力：0.3~0.8 MPa。

——注浆终止条件：$Q > 3L/孔$，$P > 0.8$ MPa，达到两个条件之一。

——注浆布孔：沿缝两侧交叉布孔，间距 50~150 cm，跳孔间隔压注。斜孔 $d = 14$ mm，插入相应注浆嘴。

(4) 方法 d。直接沿变形缝骑缝钻直孔击穿止水带（见图 3—18），至止水带背后的变形缝，然后击入同直径的金属管，用掺有聚合物乳液的快硬水泥临时封缝，压注油溶性聚氨酯浆液或弹性环氧浆液。此方法适用于漏水量较大的变形缝。

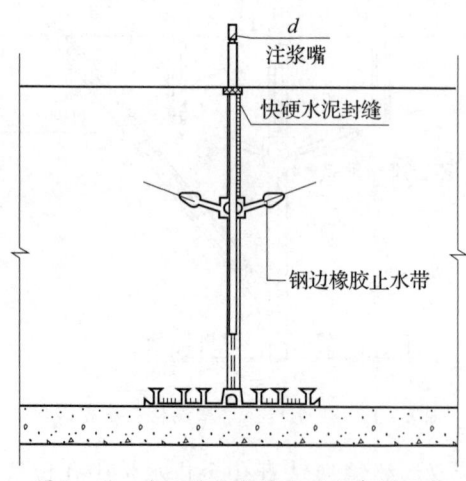

图 3—18 变形缝注浆堵漏钻孔布置示意

注浆参数：

——注浆压力：0.5~0.8 MPa 低压注浆。

——注浆终止条件：浆液从封头注浆孔或观察孔逸出，$P > 0.8$ MPa，达到两个条件之一。

——注浆布孔：沿缝间 100~250 cm 中心布孔。

2. 有可卸式止水带的变形缝渗漏治理方法

(1) 内装可卸式止水带轻微渗漏者，不必拆卸、更换，只需常规调整压紧的措施。

即调节渗水范围的止水带压件的紧裹力，或替换止水带齿牙下的丁基胶密封带。

（2）内装可卸式止水带的老化或破损发生后，应予拆装，通过全部或局部更换内装可卸式止水带，达到恢复防水、止水的目的。

混凝土结构断面小的，可将整条旧损的止水带更换成新的。但若结构断面尺寸大，而止水带局部有损的，部分更新。可卸式止水带割换的工艺步骤如下。

1）在部分卸下的 Ω 止水带上，割去原受损 Ω 止水带段。

2）对原止水带留下的两端，各剖切外侧一半（33～60 mm）。同样，将新止水带替换段的两端，各剖切外侧一半（33～60 mm），并分别打磨、清洁，形成新的黏合面。

3）把已处理好的止水带两接头相互拼合，采用专用胶水局部冷接。

4）用压板、压条、螺栓等紧固件进行固定。

（3）待可卸式止水带更换完毕后，尚需做好止水带封闭处理。

3. 变形缝后续加强措施

在变形缝注浆止水完毕后，可根据需要采用"飞马度""阿拉丁"或"Colflex 防水密封带"等措施对变形缝进行后续防水加强，也可根据工程需要组合使用。

以"飞马度"+"Colflex 密封带"为例，如图 3—19 所示，采取在沉降端单侧垂直割缝的方法，调整整条变形缝的缝宽在 3 cm 左右。割缝深度为"两倍缝宽加密封胶深度"。未割缝一侧，除非有严重碎裂、凹凸，需剔平并抹补缝聚合物砂浆外，不做处理。"飞马度"顶面到混凝土表面预留 3 cm 距离（即密封胶作业后的宽度/深度≈1）。

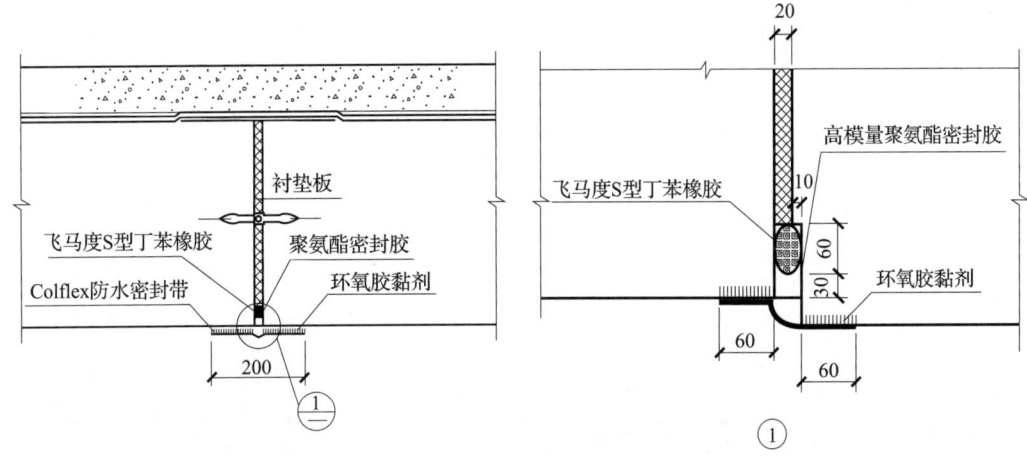

图 3—19　变形缝后续加强防水做法

4. 变形缝堵漏验收要求

表观检查：变形缝周围无渗漏水；变形缝周围无浆液残留。

3.2.7 整体道床作业

1. 材料和工器具（见表3—16、表3—17）

表3—16　　　　　环氧注浆结构补强施工作业材料

序号	名称	规格	单位	数量	备注
1	速凝水泥	—	kg/m	4	—
2	刚性环氧浆液	—	kg/m	6~15	—
3	清洗剂	—	kg	20	—
4	增强管	—	m/m	5	—
5	铝管	—	m/m	1.5	—
6	镀锌铁线	—	m/m	3	—

表3—17　　　　　环氧注浆结构补强施工作业工器具

序号	名称	规格	单位	数量	备注
1	电锤	钻头直径 10~32 mm	台	2	—
2	手动式注浆泵	—	台	2	
3	拖线盘	—	盘	2	
4	防爆灯	—	盏	2	
5	平板车	—	辆	1	
6	钢丝钳	—	把	2	
7	割刀	—	把	2	
8	喷壶	—	个	1	
9	漆刷	1″	把	1	
10	清孔器		个	1	
11	泥桶		只	1	

2. 操作程序

操作程序如图 3—20 所示。

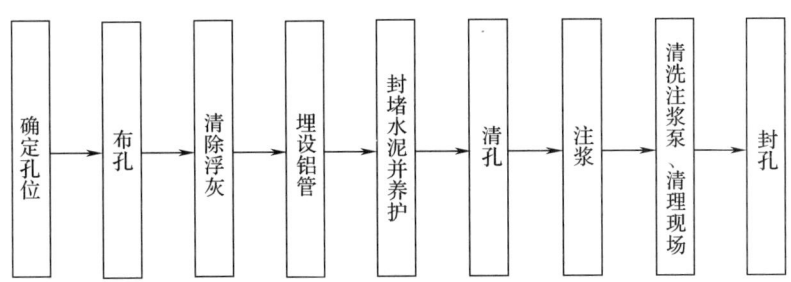

图 3—20　环氧注浆结构补强施工作业操作程序

3. 操作程序详细介绍

（1）确定病害位置、范围，确定孔位。可以根据道床表观渗漏水或开裂范围判断，或使用电锤 GBH11DE 在道床上试钻孔，观察其是否空鼓，钻孔应垂直于道床面，不得钻损下方管片。钻孔深度按图 3—21 所示取得，其中 *AF* 已知，*AD* 已知，*R* 已知，*FD* 为变量，求 *CF*、*AB*。

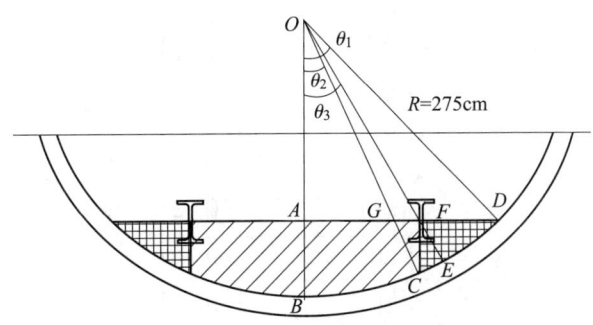

图 3—21　孔深计算方法

$$CF = \frac{AF - \left(\sqrt{R^2 - AD^2}\right) \cdot \tan\left[\arcsin\left(\frac{AF}{R}\right)\right]}{\tan\left[\arcsin\left(\frac{AF}{R}\right)\right]}$$

$$AB = R - \sqrt{R^2 - AD^2}$$

（2）确定病害范围后，进行梅花桩布孔，布孔位置如图 3—22、图 3—23 所示。道心注浆孔采用 φ32 mm 钻头进行钻孔，排水沟注浆孔采用 φ14 mm 钻头进行钻孔，道心注浆孔间距为 600 mm，排水沟注浆孔间距为 300 mm。

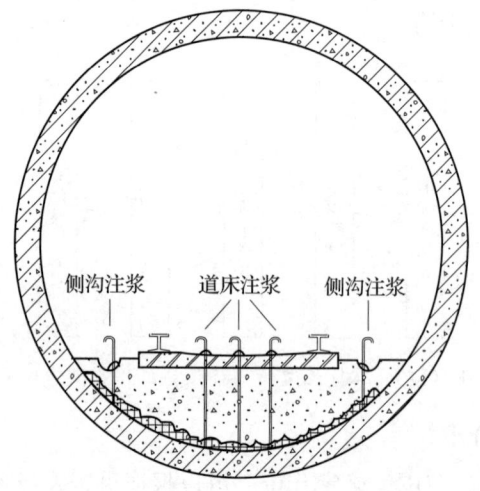

图3—22 混凝土整体道床加固剖面图

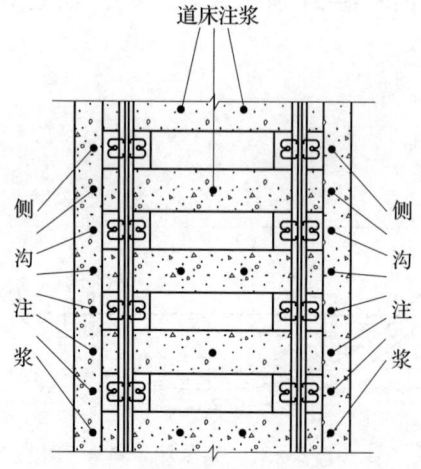

图3—23 混凝土整体道床加固平面图

(3)用漆刷清除孔周围的浮灰,用清孔器初步清除孔内浮灰。

(4)将铝管预埋至孔内,并用双快水泥封堵,一个孔内埋设一根注浆管,一根出浆管。

(5)封堵的水泥进行喷水养护,养护时间不少于10 min。

(6)清除孔内浮灰。待水泥达到强度后,将注浆管连接至注浆泵。将清水倒入注浆泵,对孔内进行注水,待出浆管无混水流出,说明孔内浮灰清除完毕。

(7) 清孔试水完成后，倒出注浆泵内清水，配制环氧树脂，按 1:3 的比例进行配制并搅拌均匀，不少于 10 min，连接注浆管进行灌浆加固。待出浆孔出浆后，停止注浆。用镀锌铁线扎紧注浆管。

(8) 注浆完毕后，用清洗剂清洗注浆泵。

(9) 结束施工，清理现场。

4．质量控制

(1) 封堵孔位时不得留有任何间隙。

(2) 确保对封堵水泥的养护时间，养护时间不少于 10 min。

(3) 环氧树脂按比例配制后，应对浆液进行充分搅拌，不得少于 10 min。

(4) 灌浆压力不得大于 0.4 MPa。

(5) 注浆时应观察周边情况，一旦出现漏浆、爆浆现象，应立即扎管，停止灌浆。

5．安全措施

(1) 施工人员必须穿戴工作服、手套、护目镜等防护用品。

(2) 灌浆时必须对注浆孔进行遮掩。

(3) 施工现场不得堆放易燃易爆物品，并配备防火设备。

(4) 化学废弃物等材料应及时回收处理，不可乱扔。包装袋、空桶和用后手套等废弃物应回收。

(5) 施工完毕后，必须清理现场，做到工完料清。

6．整体道床作业验收方法

道床加固验收检查部位和各部位检查内容如下，验收后填写验收表。

(1) 道床表面（表观检查）

1）裂缝。

2）渗漏水。

3）平整。

4）道床表面不得残留注浆管、水泥、浆液。

(2) 道床内部

1）在道床表面钻孔，钻孔需钻到道床底部，深度根据现场实际情况而定（盾构区间，见钻孔深度计算方法其中 AF 已知，AD 已知，R 已知，FD 为变量，求 CF、AB），然后用注浆泵注水检查道床内部有无空洞，如果水注满整个孔洞后继续能注入，说明道床底部有空洞。

2）注水完毕后需用双快水泥对孔洞进行封堵。

3）每个施工作业区段验收抽样不得少于2孔。道床表面钻孔深度参照图3—21。

7. 验收要求

（1）道床加固范围内满足二级防水要求，即结构表面可有少量湿渍，总湿渍面积不应大于总防水面积的2/1 000，任意100 m^2防水面积上的湿渍不超过3处，单个湿渍的最大面积不大于0.2 m^2；隧道的平均渗漏量不得大于0.05 L/（m^2·天），任意100 m^2防水面积上的渗漏量不得大于0.15 L/（m^2·天）。

（2）表面无裂缝。

（3）表面平整。

（4）道床内部不得有空洞。

（5）道床表面不得残留注浆管、水泥、浆液。

技能要求

放置注浆嘴作业

操作要求

1. 根据实际情况，确定现场病害是否适用本施工工艺整治。
2. 针对所确定的病害范围，进行必要的清理。
3. 根据治理范围制作隔断节点。
4. 在病害环缝内安装注浆嘴。
5. 对病害环缝进行嵌缝处理。
6. 作业结束后，工完场清。
7. 所有作业严格按照实训安全规范操作。

操作步骤

步骤1 环缝内的嵌缝水泥须彻底凿除；要用毛刷清理环缝内的粉尘，如不清理干净将会影响后续嵌缝的密封效果。

步骤2 节点应设置在封顶块、邻接块、标准块、拱底块的拼缝处。

步骤3 每块管片各设3个注浆嘴，均匀分布（如遇渗水量较大，可适当增加注浆嘴数量）。注浆孔深度为150 mm，直径为14 mm。

步骤4 放入注浆嘴，用专用套筒扳手拧紧。

变形缝注浆作业

操作要求

1. 施工人员必须穿戴工作服和手套等防护用品。
2. 登高人员必须佩戴安全带。
3. 灌浆时必须对注浆孔进行遮掩。
4. 施工现场不得堆放易燃易爆物品。
5. 施工完毕后,必须清理现场,做到工完料清。

操作步骤

步骤1 清除变形缝的破损基面,清洗干净。

步骤2 缝内底部封快硬水泥,消除或减小漏水现象。

步骤3 埋入高强增压注浆管,并填充海绵或回丝等填充物(见图3—24)。

步骤4 外面封堵快硬水泥,孔位和V形槽不留任何缝隙。

步骤5 待水泥达到一定强度进行弹性环氧的注浆工作;注浆时应观察周边情况。

步骤6 一旦出现漏浆、爆浆现象,应立即停止注浆。

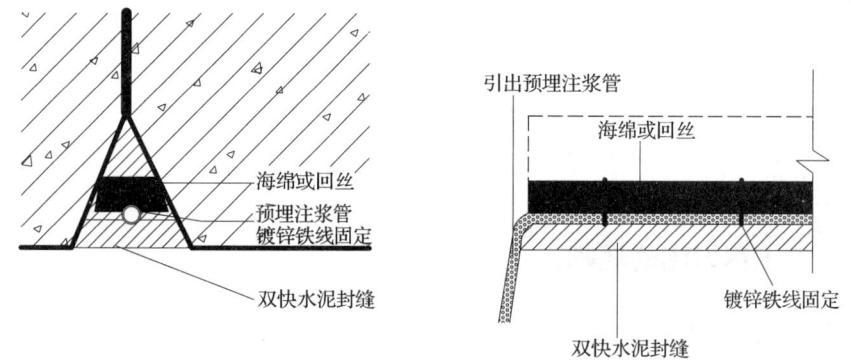

图3—24 埋入注浆管,填充填充物

整体道床结构注浆补强作业

操作要求

1. 注浆材料需按配合比进行调和。
2. 布孔时应以梅花形进行布设。
3. 注浆时不得出现跑浆。

4. 注浆时应注意低压缓注,压力需控制在 0.2~0.4 MPa。

5. 注浆结束,注浆管结扎牢固。

操作步骤

步骤 1 现场确定具体病害(裂缝)位置,整体道床基面清理。

步骤 2 针对所确定病害位置进行钻孔。

步骤 3 清除钻孔及 V 形槽内杂物。

步骤 4 将铝管预埋至孔内,并用双快水泥封堵。

步骤 5 对封堵的水泥进行养护。

步骤 6 待水泥达到强度后,连接塑料注浆管至注浆泵。

步骤 7 环氧树脂按 1:3 比例配制,充分搅拌后进行灌浆加固。

步骤 8 注浆管结扎。

3.3 隧道旁通道作业

学习目标

✓ 了解工程图识图方法
✓ 掌握隧道管片预注浆、后注浆的相关知识

知识要求

3.3.1 工程识图的规则

1. 阅读建筑工程图的方法

阅读建筑工程图应注意的问题参见前文相关内容。

2. 阅读工程图的方法

旁通道处的图样一般包括图样目录、设计说明、总平面图、结构图和防水构造图等几个部分。阅读图样应该按顺序进行。

(1)读图样目录。了解图样的组成。

(2)读设计说明。了解旁通道的结构设计的依据、材料标号和要求、施工要求、标准图选用等。

(3)读总平面图。包括地形地势特点、周围环境、坐标、道路等情况。

(4) 读结构施工图。了解包括平面布置、结构的断面形状、大小、基底标高、基础材料和其他构造做法，以及构造配筋布置等。

(5) 读防水构造图。了解防水构造设计及做法。

3.3.2 旁通道处管片堵漏方法

旁通道处管片堵漏，采用附近的壁后注浆方法进行，或者用钻孔注浆堵漏方法进行堵漏。

1. 预留注浆孔壁后注浆施工作业指导书

(1) 材料和工器具（见表3—18、表3—19）。

表3—18　　　　　　　　　壁后注浆施工作业材料

序号	名称	规格	单位	数量	备注
1	球阀	—	个	1/孔	—
2	连接管	—	个	1/孔	—
3	生料带	—	卷	0.1/孔	—
4	注浆材料	—	kg	30~100/孔	视现场情况调整注浆量
5	清洗剂	—	kg	20	—

表3—19　　　　　　　　　壁后注浆施工作业工器具

序号	名称	规格	单位	数量	备注
1	变频器	—	台	2	—
2	齿轮泵	—	台	2	—
3	电锤	—	台	2	钻头采用五坑钻孔，直径32 mm
4	注浆管	—	根	2	—
5	回流管	—	根	2	—
6	进浆管	—	根	2	—
7	管钳	—	根	1	—
8	拖线盘	—	只	2	—
9	平板车	—	台	2	—
10	雅马哈发电机/电箱	—	台	1	—
11	防爆灯	—	盏	2	—

(2)操作程序

1)操作程序如图3—25所示。

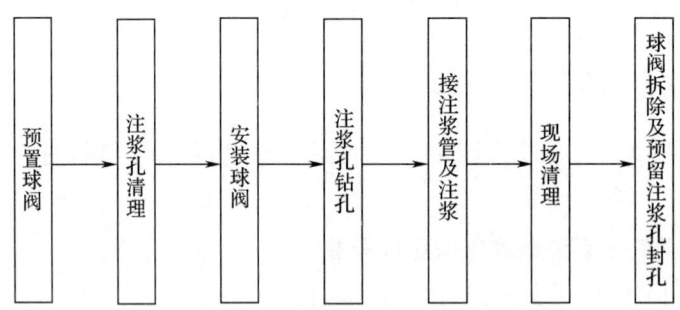

图3—25　壁后注浆施工作业操作程序

2)操作程序详细介绍(见表3—20)。

表3—20　　　　预留注浆孔壁后注浆施工作业操作程序详细介绍

序号	步骤名	内容
1	预置球阀	准备好球阀、生料带、孔口管,孔口管为球阀与管片连接的媒介 施工前应对球阀和孔口管进行质量检查。球阀表面无裂痕,这为防止经受压力而引起的爆裂。孔口管螺纹清晰、坚实、不毛糙,这有利于在注浆过程中不出现漏浆 分别于孔口管两头以顺时针方向充分缠上生料带,并把细螺纹一头接入球阀
2	注浆孔清理	打开管片预留注浆孔闷头 清理注浆孔内部杂物 管片预留注浆孔螺纹检查,确保螺纹完整,如螺纹不完整则用螺钉攻绞出新螺纹
3	安装球阀	将已预置球阀以孔口管粗螺纹一端接入注浆孔 用管钳分别紧固球阀与孔口管及孔口管与管片注浆孔螺纹间的连接 关闭球阀
4	注浆孔钻孔	打开管片注浆孔上球阀 用冲击钻通过球阀沿注浆孔打穿管片,深度为35~45 cm 抽出钻头,并关闭球阀

续表

序号	步骤名	内　容
5	接注浆管及注浆	组装好变频器、齿轮泵、注浆管、吸浆管和回流管。配制注浆材料并进行均匀搅拌，并把齿轮泵的吸浆管及回流管接入搅拌好的浆液中 将注浆管接入球阀并紧固。打开电源，启动变频器控制齿轮泵。当浆液进入齿轮泵时关闭回流管阀门，并且同时打开注浆管与球阀的阀门，使得浆液通过注浆管及球阀注入管片壁后。注浆结束后，同时关闭球阀及注浆管的阀门，打开回流管阀门，再打开注浆管阀门进行卸压 卸除注浆管
6	施工完毕后现场清理	使用清洗剂清洗齿轮泵、注浆管、吸浆管和回流管，以免残留浆液固化堵塞管道 待浆液固化后清除管片、道床、球阀上的浆液残留物
7	球阀拆除及预留注浆孔封孔	球阀拆除及预留注浆孔封孔应在注浆作业完成一个月后进行 打开球阀查看是否有水或沙流出，如果没有，则拆除球阀及孔口管。如果发现有渗水、冒沙现象则应继续对该孔及周边进行注浆，当天严禁继续进行球阀拆除作业 球阀拆除后，清除管片注浆孔内残余浆液 采用速凝水泥对预留注浆孔进行封堵，留出注浆孔螺纹 采用包裹生料带的铸铁闷头对预留注浆孔进行封闭

3) 质量控制

①齿轮泵压力控制在 0.3 MPa 以内。

②每孔注浆量应控制在 30~100 kg，根据现场情况可适当调整注浆量。

③注浆顺序：隧道纵向上，"做一跳二"即每次隔两环注浆一环；隧道横向上，"先下后上"，即根据注浆孔分布情况，从下向上依次注浆。

④经过多次注浆后须达到一定止水效果。

⑤注浆孔封孔必须密实、牢固。

4) 安全措施

①建立安全生产责任制，责任落实到人。

②岗前须进行安全教育，掌握本施工安全生产的基本知识和技能。

③施工人员必须戴好防护用具、穿工作服、戴防护眼镜和口罩。

④建立安全防护制度，并在施工中严格执行。

⑤为防止漏浆,所有注浆作业须在接触网停电、验电和做接地保护后进行。

⑥球阀注浆前后均应处于关闭状态,每次注浆撤场前须专人进行状态确认。

⑦施工现场严禁烟火,禁止吸烟,且须配备灭火器具。

⑧化学废弃物等材料应及时回收处理,不可乱扔。包装袋、空桶和用后手套等废弃物应回收。

⑨施工完成后,须工完料清,经安全负责人现场确认后方可取消作业点。

2. **钻孔注浆堵漏施工作业指导书**

(1) 材料及工器具(见表3—21、表3—22)。

表3—21　　　　　　　钻孔注浆堵漏施工所需材料

序号	名称	规格	单位	数量	备注
1	速凝水泥	—	kg/m	2.5	
2	油溶性聚氨酯	—	kg/m	25	
3	亲水性环氧	—	kg/m	25	
4	注浆嘴	—	m	10	

表3—22　　　　　　　钻孔注浆堵漏施工所需工器具

序号	名称	规格	单位	数量	备注
1	电锤	—	台	2	—
2	平板车	—	辆	1	
3	电动注浆泵	—	台		
4	拖线盘	220 V	盘	2	
5	防爆灯	—	盏	2	
6	铝合金脚手架	—	套		
7	钢丝钳	—	把	2	
8	锤子	—	个	1	—
9	凿子	—	个	1	—
10	扳手	—	把	1	—

续表

序号	名称	规格	单位	数量	备注
11	喷壶	—	个	1	—
12	漆刷	—	把	1	—
13	泥桶	—	个	2	—

(2) 不规则裂缝钻孔注浆堵漏施工

1) 操作程序如图 3—26 所示。

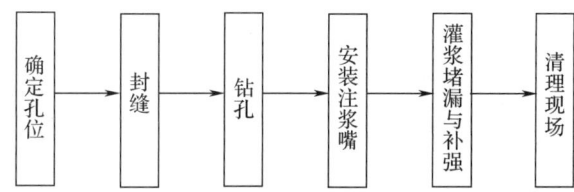

图 3—26 不规则裂缝钻孔注浆堵漏施工作业程序

2) 操作程序详细介绍（见表 3—23）。

表 3—23　　　不规则裂缝钻孔注浆堵漏施工操作程序详细介绍

序号	步骤名称	内　　容
1	确定位置	现场确定具体病害位置
2	封缝	使用双快水泥封堵裂缝，用喷壶喷水养护封堵水泥，养护时间不少于 10 min
3	钻孔	对轻微渗漏的裂缝，如图 3—27 所示，采取斜孔注浆的方法堵漏，注浆材料应选用亲水性环氧浆液或油溶性聚氨酯浆液 存在较大的线漏与滴漏、对结构有影响需要补强的裂缝，如图 3—28 所示，采取二次钻斜孔注浆止水，浅孔的注浆材料应选用油溶性聚氨酯浆液，深孔的注浆材料应选用亲水性环氧浆液
4	安装注浆嘴	使用电锤钻孔，安装并紧固注浆嘴
5	灌浆堵漏与补强	待封堵水泥达到强度后，按配合比配制浆液，搅拌均匀，使用注浆泵进行注浆堵漏。当采取二次钻孔工艺时应先从裂缝侧面钻浅孔，灌注聚氨酯浆液阻断水压；待浅孔注浆完毕，浆液固化后，再沿裂缝侧面钻深孔，灌注亲水性环氧浆液补强
6	清理现场	注浆完成后，清理现场

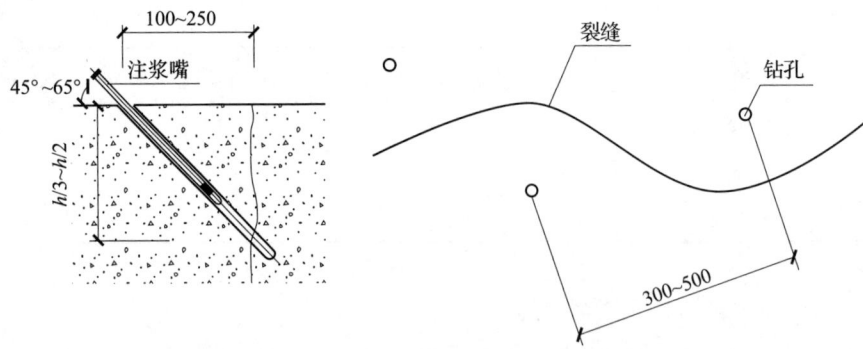

图3—27 钻斜孔注浆封缝细部构造图(轻微渗漏时采用)

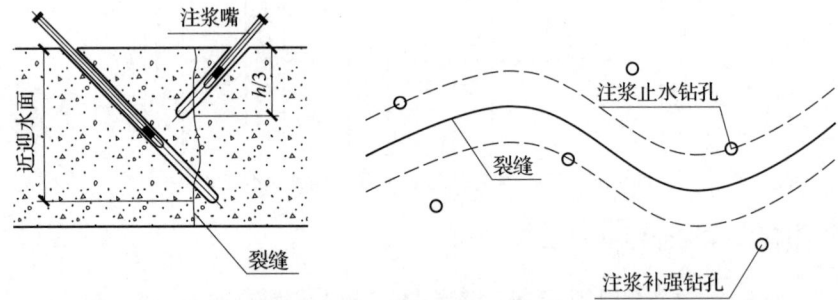

图3—28 二次钻斜孔注浆封缝细部构造图(渗漏较大时采用)

(3) 管片接缝钻孔堵漏施工

1) 操作程序如图3—29所示。

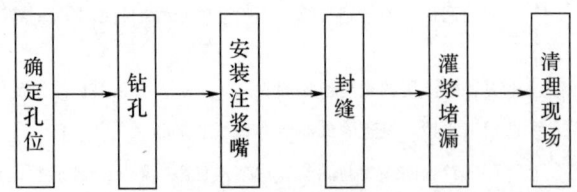

图3—29 管片接缝钻孔注浆堵漏施工作业程序

2) 操作程序详细介绍(见表3—24)。

表3—24 管片接缝钻孔堵漏施工操作程序详细

序号	步骤名称	内容
1	确定孔位	对于隧道管片十字缝渗漏,应按图3—30a处的方法布孔
		对于隧道管片纵缝渗漏,应按图3—30b处的方法布孔
		对于隧道管片环缝渗漏,应按图3—30c处的方法布孔
		对于隧道管片整条接缝渗漏,应按图3—30d处的方法布孔

续表

序号	步骤名称	内　容
2	钻孔	使用 φ14 mm 的钻头进行，钻孔深度应按图 3—31 选取
3	安装注浆嘴	安装并紧固注浆嘴
4	封缝	使用双快水泥封堵管片接缝，范围应超过最远处注浆嘴 10~20 cm，用喷壶喷水养护封堵水泥，养护时间不少于 10 min
5	灌浆堵漏	待封堵水泥达到强度后，按配合比配制聚氨酯浆液，搅拌均匀，使用注浆泵进行注浆堵漏
6	清理现场	注浆完成后，清理现场

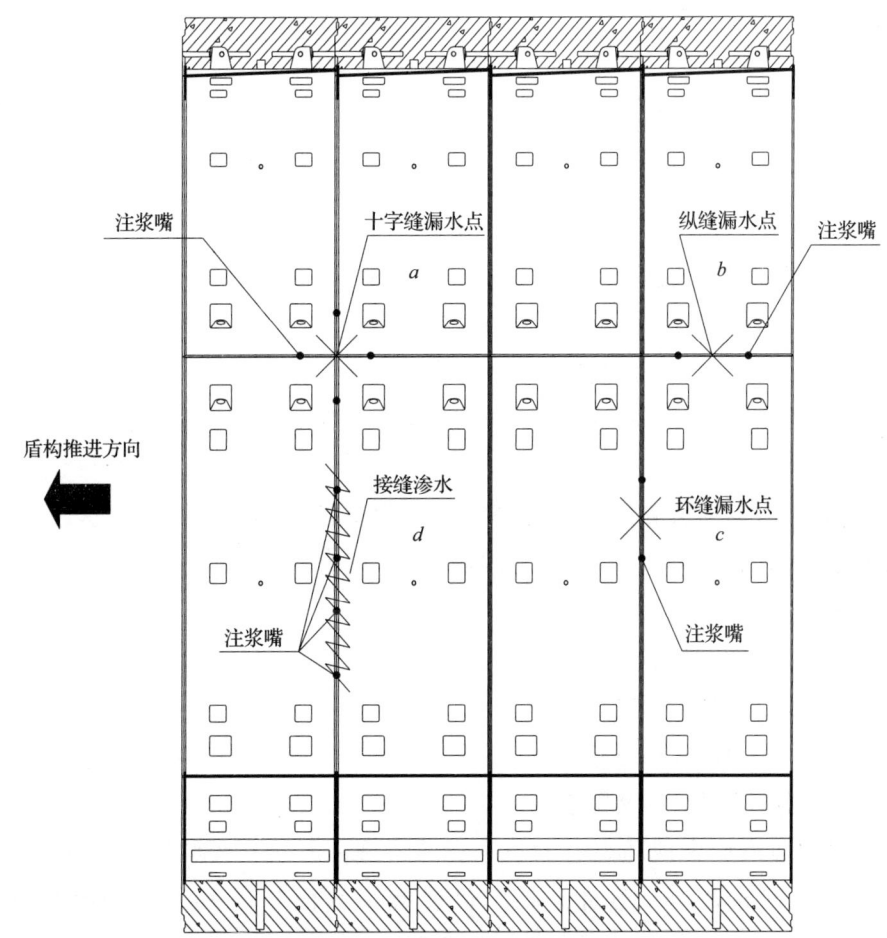

图 3—30　隧道管片环纵缝布孔堵漏示意

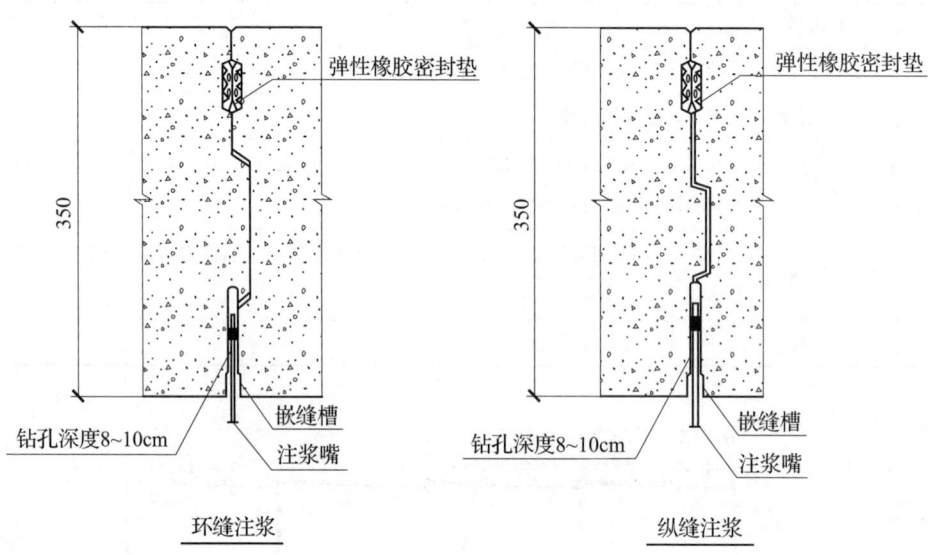

图3—31 环纵缝钻孔深度示意

3）质量控制

①对于裂缝注浆，孔位应交错布置在裂缝周围，确保布设的斜孔切割裂缝。环纵缝注浆，应严格控制孔深，避免对管片造成损伤。

②对于裂缝注浆，埋入注浆嘴深度应不小于注浆嘴总长的2/3，注浆孔孔距控制在300~500 mm范围内。对于隧道管片环纵缝注浆，注浆孔孔距控制在300~500 mm范围内。

③注浆时应观察周边情况，一旦出现漏浆、爆浆现象，应立即停止注浆。

④注浆应遵循自下而上，低压慢灌原则，注浆压力不大于0.4 MPa。

4）安全措施

①施工人员必须穿戴工作服、手套、护目镜等防护用品。

②登高人员必须带安全带。

③注浆时必须对注浆孔进行遮掩。

④施工现场不得堆放易燃易爆物品。

⑤注浆完成后应在现场观察15 min，若发现注浆材料固结体侵入限界或影响美观，应及时回收处理，不可乱扔。包装袋、空桶和用后手套等废弃物应回收。

⑥施工完毕后，必须清理现场，做到工完料清。

3.3.3 旁通道处涂抹防水作业指导书

1. 材料和工器具（见表3—25、表3—26）

表3—25　　　　　　　　　　嵌缝施工作业材料

序号	名称	规格	单位	数量	备注
1	环氧胶泥	—	kg/m	2.5	—
2	胶带	—	m/m	1.5	—

表3—26　　　　　　　　　　嵌缝施工作业工器具

序号	名称	规格	单位	数量	备注
1	电锤	—	台	1	—
2	拖线盘	—	盘	2	—
3	平板车	—	辆	1	—
4	油灰刀	—	把	2	—
5	喷壶	—	个	1	—
6	漆刷	—	把	2	—
7	美工刀	—	把	2	—

2. 操作程序

（1）操作程序如图3—32所示。

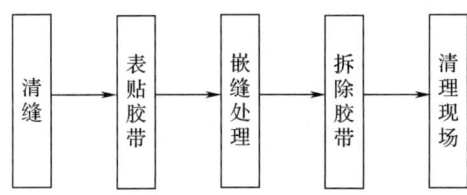

图3—32　嵌缝施工作业操作程序

（2）操作程序详细介绍

1）清缝。用电锤凿除缝内原嵌缝材料、疏松混凝土后，用漆刷清理基面浮灰。

2）表贴胶带。缝两侧用回丝清除浮灰、油污后，在裂缝两侧30 mm处沿缝方向表贴上胶带。

3）嵌缝处理。将环氧胶泥搅拌均匀后，使用油灰刀对裂缝进行嵌缝处理。

4）拆除两侧胶带。

5）施工完毕，清理现场。

（3）质量控制

1）缝内原嵌缝材料必须彻底清除。

2）必须清除缝内的浮灰，以免影响后续嵌缝的密封效果。

3）要求嵌缝饱满、表面平滑，无下垂、脱落现象。

（4）安全措施

1）施工人员必须穿戴工作服和手套等防护用品。

2）施工现场不得堆放易燃易爆物品。

3）化学废弃物等材料应及时回收处理，不可乱扔。包装袋、空桶和用后手套等废弃物应回收。

4）施工完毕后，必须清理现场，做到工完料清。

5）登高人员必须带安全带。

技能要求

注浆堵漏施工

（不规则裂缝钻孔注浆堵漏施工）

操作要求

1. 对于裂缝注浆，孔位应交错布置在裂缝周围，确保布设的斜孔切割裂缝。环纵缝注浆，应严格控制孔深，避免对管片造成损伤。

2. 对于裂缝注浆，埋入注浆嘴深度应不小于注浆嘴总长的 2/3，注浆孔孔距控制在 300~500 mm 范围内。对于隧道管片环纵缝注浆，注浆孔孔距控制在 300~500 mm 范围内。

3. 注浆时应观察周边情况，一旦出现漏浆、爆浆现象，应立即停止注浆。

4. 注浆应遵循自下而上、低压慢灌原则，注浆压力不大于 0.4 MPa。

操作步骤

步骤1 现场确定具体病害位置。

步骤2 使用双快水泥封堵裂缝，用喷壶喷水养护封堵水泥，养护时间不少于 10 min。

步骤3 对轻微渗漏的裂缝，应采取斜孔注浆的方法堵漏，注浆材料应选用亲水性环氧浆液或油溶性聚氨酯浆液。

步骤4 存在较大的线漏与滴漏、对结构有影响需要补强的裂缝应采取二次钻斜孔注浆止水，浅孔的注浆材料应选用油溶性聚氨酯浆液，深孔的注浆材料应选用亲水性环氧浆液。

步骤5 使用电锤钻孔，安装并紧固注浆嘴。

步骤6 待封堵水泥达到强度后，按配合比配制浆液，搅拌均匀，使用注浆泵进行注浆堵漏。当采取二次钻孔工艺时应先从裂缝侧面钻浅孔，灌注亲水性环氧浆液补强。

步骤7 注浆完成后，清理现场。

安全要求

1. 施工人员必须穿戴工作服、手套、护目镜等防护用品。
2. 登高人员必须带安全带。
3. 注浆时必须对注浆孔进行遮掩。
4. 施工现场不得堆放易燃易爆物品。
5. 注浆完成后应在现场观察15 min，若发现注浆材料固体侵入限界或影响美观，应及时回收处理，不可乱扔。包装袋、空桶和用后手套等废弃物应回收。
6. 施工完毕后，必须清理现场，做到工完料清。

环氧胶泥嵌缝作业

操作要求

1. 缝内原嵌缝材料必须彻底清除。
2. 必须清除缝内的浮灰，以免影响后续嵌缝的密封效果。
3. 要求嵌缝饱满、表面平滑，无下垂、脱落现象。

操作步骤

步骤1 用电锤凿除缝内原嵌缝材料、疏松混凝土后，用漆刷清理基面浮灰。

步骤2 缝两侧用回丝清除浮灰、油污后，在裂缝两侧30 mm处沿缝方向表贴上胶带。

步骤3 将环氧胶泥搅拌均匀后，使用油灰刀对裂缝进行嵌缝处理。

步骤4 拆除两侧胶带。

步骤 5 施工完毕，清理现场。

3.4 隧道设施验收及质量评定

学习目标

- ✓ 掌握隧道设备综合维修验收
- ✓ 掌握隧道保养验收
- ✓ 掌握隧道失格标准
- ✓ 掌握隧道的维护管理

知识要求

车站建筑隧道结构设施维护分为综合维修和保养。综合维修占设施总数的20%或以上，保养占设施总数的80%。每月要求完成设施月度维修计划的100%。

3.4.1 隧道的维护管理

1. 保养的定义

根据生产调度的报修及上月巡检的病害资料，以及隧道设施病害的特点，有计划地对综合维修计划外的隧道设施进行维修；掌握隧道设施技术状态，及时、主动地消除病害，以防止病害扩大，按期做好季节性工作，确保使用安全。

2. 保养的主要工作内容

（1）负责管辖内隧道设施的露筋破损修理。

（2）掌握隧道设施的质量状态，发现影响结构安全和运营安全的病害及时处理和上报。

（3）做好季节性工作的应急处理和观测工作。

（4）隧道人防门、防淹门、旁通道隔断门、侧向平台零星病害修复。

（5）使用和管理隧道内管片编号的油漆。

（6）处理各类临时报修。

3. 隧道综合维修

综合维修的定义：有计划、按周期地对隧道（含附属设备）已发生和可能发生的破损、病害进行整个区间的维修，保持隧道设备经常处于良好状态，延长使用寿命。

根据隧道设备状态，安排好综合维修计划，每年综合维修的数量应占设备总数的20%左右，计五年一个周期。隧道人防门的综合维修周期不受五年一个周期的限制，但不能大于五年一个周期。

综合维修主要工作内容如下。

（1）盾构法隧道综合维修内容（见表3—27）

表3—27　　　　　　　　　　盾构法隧道综合维修内容

综合维修名称	内　　容
混凝土管片	混凝土管片开裂、掉块、露筋的治理 渗泥沙的治理 环纵缝、注浆孔、螺栓孔渗漏水的治理 注浆闷头缺失的修补 螺栓脱落、缺失现象修补 双圆隧道钢保护壳除锈补漆 嵌缝条脱落的治理
钢管片	钢管片除锈补漆 渗漏水、渗泥沙治理 内格腔混凝土掉块修补 注浆闷头缺失的修补
端头井	渗漏水、渗泥沙治理 混凝土开裂、掉块、露筋的治理
旁通道、泵站及集水井	渗漏水、渗泥沙治理 混凝土开裂、掉块、露筋的治理 集水井暗管的疏通
中间风井	渗漏水、渗泥沙治理 混凝土开裂、掉块、露筋的治理
整体道床	道床与管片、管片与排水沟间产生脱离现象整治、整体道床的开裂、轨枕与道床间裂隙现象整治 注浆闷头缺失的修补 注浆孔渗漏水、渗泥沙
侧向平台	支架松动的紧固 复合板材破损的更换 防火涂层的修补 金属部件除锈补漆

续表

综合维修名称	内容
中间隔墙（双圆、大盾构）	防火隔断板松动、破损的治理 中隔墙开裂、破损的修补 大盾构中隔墙限位角钢的除锈处理 大盾构中隔墙防火密封胶的修补
人防门	门体、门框的除锈上漆 密封条的更换 传动机构涂油 链条等紧固件松动的治理
防淹门（不含电气部分）	门体、门槽及其零部件的除锈上漆 密封条的更换 添加或更换润滑油脂 对变形、腐蚀、损坏的部位及零部件进行整修、更换
旁通道隔断门	锁头、门铰链轴承等机械转动部位添加润滑油 五金件的更换 紧固各类松动构件 除锈补漆
其他	隧道内碳素纤维等补强材料的脱落抽丝现象整治 其他附属物缺损的维护 若发现管片螺栓崩裂、环缝纵缝张开和错台错缝超过技术标准规定，应及时报上级部门，委托设计部门做出综合治理方案，委托有资质单位实施

(2) 明挖法隧道综合维修内容（见表3—28）

表3—28　　　　　　　　明挖法隧道综合维修内容

综合维修名称	内容
顶板	渗漏水、渗泥沙的治理 混凝土开裂、掉块、露筋的治理 引水管、槽松动的治理 变形缝渗漏水，止水带破损、脱落的治理

续表

综合维修名称	内 容
侧墙	渗漏水、渗泥沙的治理 混凝土开裂、破损、露筋的治理 引水管松动的治理 变形缝渗漏水、止水带破损的治理 侧墙倾斜的治理
整体道床	道床与排水沟间产生脱离现象整治、整体道床的开裂、轨枕与道床间裂隙现象整治 转辙机坑渗漏水的治理
泵房、集水井	渗漏水、渗泥沙的治理 混凝土开裂、破损、露筋的治理 集水井暗管的疏通
其他	隧道内纤维类等补强材料的脱落抽丝现象整治 拆除遗留施工木模板 车站站线风道板开裂、松动的治理 紧固其他附属物的脱落松动 其他附属物缺损的维护

3.4.2 综合维修验收

1. 综合维修验收标准

隧道病害综合维修应以消除渗漏水和渗泥沙、管片开裂、整体道床开裂和旁通道病害为主，综合维修过程中对结构的改变应尽量恢复；综合维修后隧道区间应消除管片开裂破损、漏水、渗泥沙、嵌缝条脱落、道床开裂、螺栓脱落缺失、注浆孔螺母缺失、各种附属设施的松动脱落等病害。隧道整体状态达到二级防水标准，即不允许漏水，结构表面可有少量湿渍；湿渍总面积不大于总防水面积的 2/1 000，单个湿渍面积不大于 0.2 m^2，任意 100 m^2 防水面积不超过 3 处；平均渗漏水量不大于 0.05 L/m^2·天，任意 100 m^2 防水面积的渗漏水量不大于 0.15 L/m^2·天。混凝土管片、钢管片注浆口螺栓要严格按设计要求拧紧，不得缺失。

2. 隧道综合维修验收分为优良、合格、不合格三个等级

满分为 100 分标准。扣除缺点分后，80~100 分为优良；60~80 分以下为合格；60 分以下为不合格。综合维修验收由实施部门自检，工务公司一级抽检，均应做好验收记录。验收后需填写隧道结构综合维修质量评定表（附录 A）。另外还需填写隧道结构状态评定表（附录 B），隧道结构状态评定有优良率、完好率和失格率三个指标，优良率的计算方法为：[管片总环数 －（AA、A、BB、B、C）病害总数×1 环]/管片总环数×100%；完好率的计算方法为：[管片总环数 －（AA、A、BB、B）病害总数×1 环]/管片总环数×100%；失格率的计算方法为：[（AA、A、BB、B、C）病害总数×1 环]管片总环数×100%。

3.4.3 保养验收

保养工作的验收标准：隧道病害保养应以不损坏原有结构为基础，在此基础上使渗漏水、渗泥沙、混凝土开裂等影响结构安全的病害得以治理，达到保护结构的目的。隧道保养验收分为优良、合格、不合格三个等级。满分为 100 分标准。扣除缺点分后，80~100 分为优良；60~80 分以下为合格；60 分以下为不合格。验收标准详见隧道结构保养质量评定表（附录 C）。保养验收采用单项作业验收，由实施部门自检，工务公司一级抽检，并做好验收记录。

3.4.4 隧道质量评定标准

1. 隧道日常检查

隧道日常检查主要对设施存在的病害进行检查，为日常维修提供依据，因此不对设施状态进行评定；综合维修的隧道区间需进行状态质量评定，年检除了对全线设施的质量状态进行评定，作为对一年来维修工作质量的评价和考核的依据，还要为编制次年的维修计划提供依据。

2. 隧道质量评定办法

隧道设施以单个区间上行线或下行线为状态评定单位，隧道设施以公里为设施数量单位（精确至 0.01）。

隧道质量评定分为"合格""不合格"两个等级。

（1）隧道的合格标准（参见地下工程防水等级二级标准）

1）无漏泥沙或线漏。

2）单个湿迹面积不大于 0.2 m^2。

3）任意 100 m^2 防水面积上的湿渍不超过 3 处。

4）任意 100 m^2 渗水量不大于 0.15 L/（m^2·天）。

5）平均渗水量不大于 0.05 L/（m²·天）。

6）隧道顶部不允许滴水，侧面允许有少量、偶见湿迹。

7）隧道内表面潮湿面积不大于2‰的总内表面积。

8）道床与管片不产生脱离现象。

9）混凝土结构（包括管片、地下连续墙、顶板、底板及整体道床）发生贯穿性裂缝或严重破损。

(2) 隧道的不合格标准。不符合上述合格标准的均列为不合格。

3．人防门质量评定标准

(1) 人防门质量评定标准见附录 D。

(2) 人防门每年进行一次全面保养维护。

技能要求

盾构法隧道病害检查作业

操作要求

1．病害记录以管片展开图为基础，图中包括管片基本要素，比如接缝、注浆孔、螺栓孔，各要素相对位置关系与实际一致。病害记录应详实且准确，结合管片展开图，明确位置、特征。

2．原则上所有病害现象均应拍摄照片留存，个别情况下，当病害具有明显动态特征，照片不能完整反映时，应拍摄录像。数码照片编号可按 Px（P 表示照片，x 表示顺序号）记录；录像编号可按 Vx 表示（V 表示录像，x 表示顺序号）。

3．在检查过程中，应在备注栏对隧道基本信息予以记录，包括小转弯半径、旁通道或泵站钢管片和道床类型等。

操作步骤

1．渗漏水检查

步骤1 区分出渗漏水病害类型，明确渗漏水位置（接缝、注浆孔、手孔或裂缝）、范围（结合展开图要素加以确定）及特征（具体量化指标），对于滴漏应通过秒表确定滴水频率。

步骤2 对于湿迹现象，水分蒸发速度快于渗入量，用手触摸有潮湿感，但无水分浸润感觉。渗水现象在加强人工通风的条件下也不会消失，用手触摸，明显沾有水分，如用废报纸贴于渗水处，废纸将会被浸湿变色。

步骤3 渗漏水类病害标志按表3—29记录。

表3—29　　　　　　　　　　渗漏水病害标志

病害类型	标志符号	符号解释	记录要点
湿迹		虚线填充的闭合曲线	曲线边界依据实际湿迹分布确定
渗水		斜线填充的闭合曲线	曲线边界由实际渗水分布确定
滴漏		由竖线、椭圆及数字三部分组成，数字表示滴水频率（滴水数/min）	（1）当小于1滴/min时，椭圆内应标注<1 （2）当大于60滴/min时，可认为滴漏已形成线流，此时应按照渗流标注∞
漏泥沙		点及小三角填充的闭合曲线	曲线边界依据实际漏泥沙边界确定

2. 管片损伤检查

步骤1 管片裂缝与缺角主要通过目测进行检查，明确隧道结构损伤的类型、位置和程度等信息。

步骤2 因管片损伤病害较为直观，管片裂缝与缺角主要通过目测进行检查。管片裂缝通常表现为颜色略深于管片内表面本色的细缝。管片缺角部位因表层混凝土缺失，缺角颜色同样会深于管片表面本色。

步骤3 管片损伤类病害标志按表3—30记录。

表3—30　　　　　　　　　　管片损伤类病害标志

病害类型	标志符号	符号解释	记录要点
裂缝		曲线或折线，以裂缝实际线形为依据	当裂缝宽度可量测时，应予以备注
缺角		边界以实际缺角边界为准	将实际缺角范围填实，管片缺角深度可量测时，予以备注
缺损		直线段代表发生缺损的纵缝段	—

3. 结构形变检查

步骤 1　结构形变类病害通过目视检查，应明确隧道结构形变的类型、位置和程度等信息。

步骤 2　管片错台初步判断通过目测进行，对疑似处可通过手触确认，也可将探照灯平贴于管片朝疑似错台处照明，如存在错台现象，则光束在错台处会出现明显明暗对比。管片接缝张开初步判断通过目测进行，对于张开幅度较大处，灯光照射后能发现螺栓。道床与管片脱开主要通过目测进行检查，对于疑似处，可通过插硬卡片的方式确认两者是否脱开。

步骤 3　结构形变类病害标志按表 3—31 记录。

表 3—31　　　　　　　　结构形变病害标志

病害类型	标志符号	符号解释	记录要点
裂缝	6|	直线与错台处接缝垂直并交叉，数字表示错台量	数字记录于记录人员一侧
缺角	⌣	标志记录于道床与管片连接处	—
缺损	⋀	倒 V 形，代表管片间接缝张开	—

隧道结构设施检查作业

操作要求

1. 检测部位准确，全面查看，无漏查、错查。
2. 工具使用正确。
3. 数据读取准确，读数误差不大于 1 mm。
4. 检查部位与记录对应，无漏记、错记，记录规范、字迹清晰。
5. 检查作业时，检查者与记录者互相呼应、提醒，以防漏查、错查及漏记、错记。

操作步骤

步骤 1　混凝土管片的检查

1. 裂缝、缺角、掉块、腰部破。

2. 渗漏水、渗泥沙。

3. 嵌缝条悬垂。

4. 注浆孔闷头锈蚀、缺损。

5. 手孔螺母、螺栓锈蚀、缺失。

6. 双圆隧道钢保护壳锈蚀。

7. 接缝张开、错缝、错台达到 8 mm 及以上。

步骤 2 钢管片的检查

1. 表面锈蚀。

2. 渗漏水、渗泥沙。

3. 内格腔填充混凝土开裂、破损、掉块。

4. 牛腿部位积水。

步骤 3 井接头的检查

1. 井接头渗漏水、渗泥沙。

2. 混凝土开裂、破损、掉块。

步骤 4 旁通道、泵站及集水井的检查

1. 渗漏水、渗泥沙。

2. 混凝土开裂、破损、掉块。

3. 预留注浆孔冒水、冒泥沙。

4. 集水井水管口有不明水源、涌水、涌泥。

5. 集水井进水管堵塞。

步骤 5 中间风井的检查

1. 渗漏水、渗泥沙。

2. 混凝土开裂、破损、掉块。

步骤 6 后装内钢圈检查

1. 表面锈蚀。

2. 环氧与钢板及混凝土是否结合紧密。

3. 道床拉结连杆是否紧固。

4. 钢板固定锚栓是否紧固。

步骤 7 加固用纤维布检查

与原基面是否密贴牢固。

步骤 8 整体道床的检查

1. 道床混凝土裂缝、破损。
2. 轨枕与道床离缝。
3. 管片与排水沟开裂脱离。
4. 预留注浆孔闷头缺失（不包括已经用混凝土填实的）。
5. 预留注浆孔渗漏水、渗泥沙。

步骤9 侧向平台的检查

1. 栏杆油漆起泡、脱落、锈蚀。
2. 栏杆松动，有侵限危险。
3. 混凝土开裂、破损。
4. 钢结构镀锌层剥落锈蚀。
5. 板材破损。
6. 支架及紧固件松动。

步骤10 双圆隧道中间隔墙的检查

1. 防火隔断板缺损、松动。
2. 中隔墙破损、开裂。

步骤11 人防门的检查

1. 门扇的外形是否扭曲、下垂、变形、锈蚀；门铰耳孔同轴度是否偏离、变形；连接链条是否松动；链条扣是否牢固。
2. 门框的混凝土门孔是否变形、开裂、露筋、混凝土脱落；锁孔位置是否偏离、破损；密封条是否凹凸不平、有伤痕、缺损；门框与混凝土连接部位是否有松动、位移，门框几何尺寸是否有变形。
3. 传感器的底座是否有位移、变形、锈蚀破损。
4. 门总体结构外观表面是否平整、光滑；油漆是否完整，是否有毛刺。
5. 千斤顶是否有锈蚀、脱焊、破损；千斤顶底座混凝土是否有开裂、脱落、破损。
6. 周边积水、渗水是否对人防门的结构有影响。

步骤12 防淹门（不含电气部分）的检查

1. 表面（门体、门槽）是否锈蚀，油漆是否脱落。
2. 混凝土结构有无脱落。
3. 密封条表面是否光滑，有无裂痕、破损、硬化。
4. 安全锁定装置、侧偏轮装置、防偏轮装置是否锈蚀。

5. 各类零部件是否存在变形、损坏。

6. 钢丝绳表面有无破损。

7. 门体固定是否牢固。

8. 防淹门隧道部位渗漏水情况。

步骤 13 旁通道隔断门的检查

1. 隔断门开启后能否自动闭合，双扇防护门能否按顺序关闭，关闭后能否从内、外两侧正常开启。

2. 隔断门并非保持关闭状态，使用过程中人为地使其"常开"。

3. 隔断门变形、锈腐或破损。

4. 隔断门门框、门扇底部是否有异物。

5. 防锈涂层破损，门体锈蚀。

6. 定期检查隔断门五金件性能

（1）查看闭门器漏油情况。

（2）顺序器的顺位杆是否变形，固定底座螺钉是否松动或移位。

（3）轴承铰链螺钉是否松动、转动是否灵活；销子是否变形、松脱、损坏。

（4）门锁执手是否松动，脱落，关闭是否到位，锁舌是否变形。

（5）如装配有推杆门锁，上下连接拉杆和螺栓有无变形松动，脱落。

（6）上下轴销门锁是否损坏，脱落、变形。

步骤 14 其他检查

1. 隧道内纤维类片材等补强材料脱落、抽丝现象。

2. 后加钢环锚固螺栓是否失效。

3. 环氧黏结剂是否失效。

理论知识复习题

一、判断题（将判断结果填入括号内，正确的填"√"，错误的填"×"）

1. 隧道结构设施维护组织采取整修和保养相结合的方式。（   ）

2. 隧道设施的综合维修仅涉及衬砌部分、整体道床部分，和附属设备无关。
（   ）

3. 聚合物水泥砂浆双层施工厚度宜为 10~12 mm。（   ）

4. 管片注浆堵漏作业采用电动注浆泵注浆应以 0.4 MPa 压力同时从隧道两侧最高

处进行注浆。（ ）

5. 防水砂浆抹面施工，验收发现 2 处表层有湿泽时，验收质量为优良。（ ）

6. 单个区间隧道出现道床与管片脱离现象，则质量验收等级为不合格。（ ）

7. 单个区间隧道，任意 100 m² 渗水量不大于 0.15 L/（m²·天），评定等级为优良。（ ）

8. 单个区间隧道出现线漏，质量验收等级为合格。（ ）

9. 隧道质量评定共分 4 个等级。（ ）

10. 隧道保养质量的验收由工区、车间、分公司三方共同进行。（ ）

二、单项选择题（选择一个正确的答案，将相应的字母填入题内的括号内）

1. 隧道设施的综合维修应进行（ ）的维修。
   A. 衬砌部分　　　　　　　　　B. 整体道床部分
   C. 旁通道及其他附属设备　　　D. 整个区间

2. 隧道设施综合维修的周期为（ ）年。
   A. 6　　　　B. 5　　　　C. 4　　　　D. 3

3. 聚合物水泥砂浆防水层单层施工，其厚度应不小于（ ）mm。
   A. 5　　　　B. 6　　　　C. 7　　　　D. 8

4. 管片注浆堵漏作业，环氧胶泥嵌缝应饱满，表面溢出环缝檐口宽度应达到（ ）mm。
   A. 20　　　　B. 25　　　　C. 30　　　　D. 35

5. 防水砂浆抹面施工的验收规则可依照（ ）的相关标准进行。
   A. 隧道设备保养质量评定表　　　B. 隧道防水保养质量评定表
   C. 隧道设施保养质量评定表　　　D. 隧道结构保养质量评定表

6. 单个区间隧道，任意 100 m² 防水面积的平均漏水量大于（ ）L/（m²·天）时，质量验收等级为不合格。
   A. 1　　　　B. 2　　　　C. 3　　　　D. 4

7. 涂抹防水施工环境温度宜在（ ）度以上。
   A. 0　　　　B. 1　　　　C. 2　　　　D. 3

8. 单个区间隧道存在（ ）现象的，则质量验收等级即为不合格。
   A. 湿迹　　　B. 渗水　　　C. 滴漏　　　D. 线流

9. 隧道质量评定共分（ ）个等级。
   A. 4　　　　B. 3　　　　C. 2　　　　D. 1

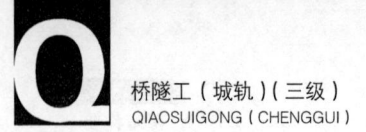

10. 每年隧道设施综合维修的数量应占设施总数的（　　）。

A. 1/5　　　　　B. 1/4　　　　　C. 1/3　　　　　D. 1/2

理论知识复习题答案

一、判断题

1. ×　　2. ×　　3. √　　4. ×　　5. √　　6. √　　7. √

8. ×　　9. ×　　10. √

二、单项选择题

1. D　　2. B　　3. B　　4. C　　5. D　　6. D　　7. D

8. D　　9. B　　10. A

理论知识考试模拟试卷及答案

桥隧工（城轨）（三级）理论知识试卷

注 意 事 项

1. 考试时间 90 min。
2. 请首先按要求试卷的标封处填写您的姓名、准考证和所在单位的名称。
3. 请仔细阅读各种题目的回答要求，在规定的位置填写您的答案。
4. 不要在试卷上乱写乱画，不要在标封区填写无关的内容。

	一	二	总分
得 分			

得 分	
评分人	

一、判断题（将判断结果填入括号中。正确的填"√"，错误的填"×"。每题 1 分，满分 30 分）

1. 预算费用不包括设计费。　　　　　　　　　　　　　　　　　　（　　）
2. 单项工程基价包括工费、料费、机械使用费。　　　　　　　　　（　　）
3. 间接费的计算方法是直接费乘以 85%。　　　　　　　　　　　　（　　）
4. 其他费指根据有关规定，应由基本建设投资支付并列入建设项目总预算内，包括建筑安装工程费机具购置费在内的有关费用。　　　　　　　　（　　）
5. 设计费和直接费、间接费和其他费都有关。　　　　　　　　　　（　　）
6. 温度变化、支座沉陷等原因引起的变形不会在三铰拱内产生附加内力。（　　）
7. 无铰拱属外部三次超静定结构。　　　　　　　　　　　　　　　（　　）
8. 温度变化、支座沉陷等原因引起的变形不会在无铰拱内产生附加内力。（　　）

9. 防水混凝土在浇筑地点的坍落度每工作班检查不应少于 2 次。（   ）

10. 回填注浆应在衬砌混凝土达到设计强度的 80% 后进行。（   ）

11. 采用低压低速注浆，化学注浆压力宜为 0.2 ~ 0.4 MPa。（   ）

12. 用于安装钢板止水带的基面，若采用钻孔注浆法堵漏后，应将外露的注浆嘴敲除。（   ）

13. 综合维修作业应严格按照作业标准进行，实行质量控制，保证达到规定的质量要求。（   ）

14. 通过对桥梁建筑物的保养修，及时发现和消灭超限处所和临近超限处所，保持桥梁设备状态经常均衡完好，确保行车安全平稳。（   ）

15. 保养的主要工作范围有桥面整平，各种连接铁件、螺栓涂油，声屏障和装饰板加固修理等。（   ）

16. 圬工梁的相邻两孔梁端不能顶死，应可自由伸缩。（   ）

17. 钢梁涂层表面应平整均匀，附着力应符合要求。（   ）

18. 支座橡胶应无老化、无开裂、无剥落等病害。（   ）

19. 墩台不得出现下沉、倾斜、滑动等现象。（   ）

20. 综合维修考核修理质量合格率达到 100%。（   ）

21. 隧道设施保养的依据是生产调度的保修。（   ）

22. 实施保养作业是为了防止隧道设备病害扩大，确保使用安全。（   ）

23. 保养考核修理质量合格率达 100%。（   ）

24. 保养工作主要范围包括隧道清洗车每年清洗隧道一遍。（   ）

25. 对消除渗泥沙、线漏等重要作业项目应认真检查把关，做到每项作业勤检细修一次达标。（   ）

26. 每次检查的情况都应填记在日计划完成表或施工记录上。（   ）

27. 隧道保养质量的验收由工区、车间、分公司三方共同进行。（   ）

28. 隧道结构保养质量评定是根据该设备各部分存在的问题，按照《隧道结构保养质量评分标准》的规定，根据扣分的情况来评定保养的优劣。（   ）

29. 单个区间隧道，任意 100 m² 渗水量不大于 0.15 L/（m²·天），评定等级为优良。（   ）

30. 单个区间隧道出现道床与管片脱离现象，则质量验收等级为不合格。（   ）

理论知识考试模拟试卷及答案

得　分	
评分人	

二、单项选择题（选择一个正确的答案，将相应的字母填入题内的括号中。每题 1 分，满分 44 分）

1. 钢筋数量较多且密集时，（　　）是恰当的。

   A. 可用列表法注明编号

   B. 可用画饼法注明编号

   C. 必须以引出线——注明编号

   D. 只需以引出线注明较重要的钢筋编号

2. （　　）不是钢筋表的主要内容。

   A. 钢筋型号　　　　B. 钢筋编号　　　　C. 钢筋示意图　　　　D. 直径

3. 关于钢筋大样图上的尺寸标注，（　　）是不恰当的。

   A. 必须逐段注出尺寸　　　　　　　　B. 可以不画尺寸界线和尺寸线

   C. 斜度尺寸宜用坡度形式注出　　　　D. 钢筋弯钩必须在图上注明

4. 不是计算下料尺寸的根据的是（　　）。

   A. 大样尺寸　　　　　　　　　　　　B. 弯钩的标准尺寸

   C. 钢筋的伸长度　　　　　　　　　　D. 钢筋的直径

5. 关于定位尺寸，（　　）是不正确的。

   A. 凡按规律排列的钢筋，其定位尺寸常用注解性说明

   B. 钢筋间距可用符号 @ 表示

   C. 可以表示成 $m \times n = l$ 的乘式形式

   D. 可以表示成 $m - n = l$ 的减式形式

6. （　　）不是桥面定期检查的主要内容。

   A. 支座是否失效　　　　　　　　　　B. 桥面是否积水

   C. 钢梁上盖板是否锈蚀　　　　　　　D. 落水口有无堵塞

7. （　　）一般不做受力计算。

   A. 桥面铺装层　　　　B. 主梁　　　　C. 墩台　　　　D. 基础

8. 桥面防水层铺装一般不包括（　　）。

   A. 道砟层　　　　　　　　　　　　　B. 沥青混凝土层

   C. 石棉沥青层高　　　　　　　　　　D. 沥青浸制的麻布层

9. 关于伸缩量的测量，下列说法正确的是（　　）。
   A. 每年春夏各测量一次　　　　　　B. 每年秋冬各测量一次
   C. 每年春秋各测量一次　　　　　　D. 每年夏冬各测量一次

10. 关于喷沙涂装，下列说法错误的是（　　）。
    A. 喷涂前油漆应搅匀并调至合适的黏度
    B. 空气喷漆压力一般以 0.3~0.5 MPa 为宜
    C. 喷枪与钢料表面的距离以 15~25 cm 为宜
    D. 喷枪与物面不用保持垂直的角度

11. 悬索桥的主缆主要（　　）。
    A. 受拉　　　　B. 受压　　　　C. 受扭　　　　D. 受弯

12. （　　）不是 U 形梁的优点。
    A. 建筑高度小　　　　　　　　B. 腹板可作为隔音板
    C. 顶板可作为逃生通道　　　　D. 受力简单明确

13. 水泥砂浆终凝后应及时进行养护，养护温度不宜低于5℃并保持湿润，养护时间不得少于（　　）天。
    A. 12　　　　　B. 13　　　　　C. 14　　　　　D. 15

14. 在地下工程迎水面铺贴卷材防水层的，其底板的细石混凝土保护层厚度应大于（　　）mm。
    A. 40　　　　　B. 45　　　　　C. 50　　　　　D. 55

15. 在地下工程迎水面做涂料防水层的，其底板的细石混凝土保护层厚度应大于（　　）mm。
    A. 40　　　　　B. 45　　　　　C. 50　　　　　D. 55

16. 塑料板防水层搭接缝宜采用双条焊缝焊接，单条焊缝的有效焊接宽度不应小于（　　）mm。
    A. 5　　　　　B. 10　　　　　C. 15　　　　　D. 20

17. 金属板防水层金属板与建筑结构的锚固件连接应采用（　　）。
    A. 绑扎　　　　B. 机械连接　　　C. 焊接　　　　D. 粘接

18. 接缝处的密封材料底部应嵌填背衬材料，外露密封材料上应设置保护层，其宽度不得小于（　　）mm。
    A. 80　　　　　B. 90　　　　　C. 100　　　　　D. 110

19. 二次衬砌采用防水混凝土浇筑时，混凝土强度达到（　　）MPa 后方可拆模。

A. 2   B. 2.5   C. 3   D. 3.5

20. 管片至少应设置（　　）密封垫沟槽，粘贴密封垫前应将槽内清理干净。

A. 一道   B. 两道   C. 三道   D. 四道

21. 地下连续墙墙面的露筋部分应小于（　　）的墙面面积，且不得有露石和夹泥现象。

A. 0.5%   B. 1%   C. 1.5%   D. 2%

22. 底板混凝土达到（　　）后方可停止降水。

A. 初凝强度   B. 终凝强度   C. 设计强度   D. 施工强度

23. （　　）可以用号数表示规格。

A. 工字钢、槽钢、角钢   B. 工字钢、圆钢、槽钢

C. 工字钢、六角钢、扁钢   D. 槽钢、角钢、扁钢

24. 经纬仪整平的目的是使（　　）。

A. 仪器竖轴处于铅直位置   B. 仪器的竖盘水平

C. 仪器的管水准器水平   D. 仪器处于水平位置

25. 钢板止水带施工常用的验收方法为（　　）。

A. 目测法   B. 取芯法   C. 蓄水法   D. 测量法

26. 关于粘贴碳纤维布检验与验收错误的是（　　）。

A. 施工之前应确认碳纤维和配套树脂类粘贴材料的产品合格证及厂方提供的检验报告，满足设计要求

B. 严格按照施工程序进行施工，如不满足有关规定应立即采取补救措施，情节严重的要返工重做

C. 纤维实际粘贴面积不应小于设计面积，位置偏差不应大于 20 mm

D. 碳纤维与混凝土之间的黏结质量，可用小锤轻轻敲击或手压碳纤维片材表面的方法进行检查

27. 变形缝堵漏，安装止水带施工的验收项目为有无渗漏水及（　　）。

A. 止水带安装是否密贴   B. 压板，压条是否压实

C. 化学锚栓有无持力失效   D. 止水带接头位置是否正确

28. 当发生（　　）现象时，变形缝堵漏安装止水带施工验收结果为失格。

A. 止水带出现 5 处以上密贴   B. 止水带出现 2 处以上密贴

C. 变形缝出现 5 处以上渗漏水   D. 变形缝出现 2 处以上渗漏水

29. 整体道床作业常用的验收方法为（　　）。

A. 目测法　　　B. 取芯法　　　C. 蓄水法　　　D. 测量法

30. 整体道床作业后，出现（　　）即判定作业失格。

A. 道床与管片脱离现象　　　　B. 道床渗水现象

C. 道床开裂现象　　　　　　　D. 侧沟泛水现象

31. 声屏障需测量的声学量不包括（　　）。

A. 插入损失　　B. 吸声系数　　C. 隔声量　　D. 分贝

32. 关于声屏障安装步骤，下列（　　）是不恰当的。

A. 植入预埋螺杆→立柱安装→立柱校正

B. 底部槽钢安装→吸声板插入→上罩板安装

C. 有机玻璃隔声板安装→角钢安装→上罩板安装

D. 上罩板安装→吸声板安装→底部槽钢安装

33. 关于声屏障安装，下列不恰当的是（　　）。

A. 可随意损坏已有结构物　　　B. 屏体与立柱间应填塞橡胶条

C. 屏体吊装时应保证不受损　　D. 屏体外观不得严重变形

34. 当桥台锥体护坡的高度大于6 m而小于12 m时，则需在向下超过6 m处变坡，顺线路方向由1∶1变为（　　）。

A. 1∶0.5　　B. 1∶0.75　　C. 1∶1.25　　D. 1∶1.5

35. 钢筋网喷射混凝土一般采用（　　）。

A. 1号钢钢筋　B. 2号钢钢筋　C. 3号钢钢筋　D. 4号钢钢筋

36. （　　）不属于有机防水涂料。

A. 溶剂型防水涂料　　　　　　B. 水乳型防水涂料

C. 聚合物水泥防水涂料　　　　D. 水泥基防水涂料

37. 聚合物水泥砂浆防水层单层施工，其厚度应不小于（　　）mm。

A. 5　　　B. 6　　　C. 7　　　D. 8

38. 不属于涂抹防水的检验方法的是（　　）。

A. 观察法　　B. 针测法　　C. 取样法　　D. 平均法

39. 防水砂浆抹面施工的验收规则可依照（　　）的相关标准进行。

A. 隧道设备保养质量评定表　　B. 隧道防水保养质量评定表

C. 隧道设施保养质量评定表　　D. 隧道结构保养质量评定表

40. 按支座保养的验收标准应扣分的是（　　）。

A. 螺栓紧固无松动　　　　　　B. 螺栓受剪断裂，缺失

C. 油漆失效面积在 1% ~ 2% D. 橡胶无老化、无开裂、无剥落

41. 按墩台保养的验收标准应扣分的是（　　）。
   A. 墩台表面无风化、无剥落 B. 墩台表面无裂纹
   C. 墩台露筋 D. 墩台无沉降

42. 以下支座应评为"失格"的是（　　）。
   A. 螺栓受剪断裂，缺失 B. 按规定安装活动、固定支座
   C. 锚栓剪断数量达 1% D. 上下座板与梁体密贴

43. 以下墩台应评为"失格"的是（　　）。
   A. 混凝土及钢筋混凝土轻微腐蚀且已处理
   B. 混凝土及钢筋混凝土有细微裂纹且已处理
   C. 墩台表面轻微风化且已处理
   D. 墩台出现滑动、冻害等现象

44. 应评为"失格"的是（　　）。
   A. 按规定安装栏杆、人行道 B. 按规定安装安全检查设备
   C. 抗震设施齐全 D. 抗震设施失效

得　分	
评分人	

三、多项选择题（选择正确的答案，将相应的字母填入题内的括号中。每题 2 分，满分 26 分）

1. 常用的水准测量方法有（　　）。
   A. 单面尺法 B. 双面尺法
   C. 一次仪器高法 D. 两次仪器高法

2. 列车活载一般包括（　　）。
   A. 列车自重 B. 冲击力
   C. 离心力 D. 列车活载引起的土压力

3. 关于支座定期检查，下列说法正确的是（　　）。
   A. 连续梁桥、结合梁桥支座检查为每年一次
   B. 连续梁桥、结合梁桥支座检查为每半年一次
   C. 简支梁桥支座检查为每年一次
   D. 简支梁桥支座检查为每半年一次

4. 喷涂的特点是（　　）。
   A. 操作轻便　　　　　　　　　　B. 工效高
   C. 漆膜平整光滑　　　　　　　　D. 溶剂易挥发，不经济

5. 关于手工除锈，下列说法错误的是（　　）。
   A. 使用刮刀时，刮刀应与工作物成30°~50°
   B. 使用刮刀时，手应持在刮刀腰部
   C. 除锈锤的平头用来敲除平面锈层严重处
   D. 除锈锤的尖头用来敲除平面不平凹陷处

6. （　　）是手工电弧焊的缺点。
   A. 质量不易控制　　　　　　　　B. 生产效率较低
   C. 施焊时电弧光较强　　　　　　D. 设备复杂

7. 关于气体保护焊，下列说法正确的是（　　）。
   A. 气体保护焊一般为自动焊或半自动焊
   B. 焊丝为成盘连续光焊丝
   C. 围绕焊丝，由喷嘴喷出保护气体
   D. 保护气把电弧、熔池与大气隔离

8. （　　）是气体保护焊的缺点。
   A. 设备比较复杂　　　　　　　　B. 电弧光较强
   C. 金属飞溅多　　　　　　　　　D. 焊缝表面成型不如埋弧焊平滑

9. 属于施焊姿势的是（　　）。
   A. 平焊　　　　B. 横焊　　　　C. 立焊　　　　D. 仰焊

10. U形截面是（　　）的轨道梁截面。
    A. 目前运用最广泛，技术最成熟　B. 有许多非常适宜城市轨道交通特点
    C. 需施加三向预应力　　　　　　D. 已基本淘汰

11. （　　）是桥台锥体护坡施工的常用方法。
    A. 三角形相交法　　　　　　　　B. 切线支距法
    C. 放样架放线　　　　　　　　　D. 等分线相交法

12. （　　）是保养的目标。
    A. 及时发现和消灭超限处所和临近超限处所
    B. 保持桥梁设施状态均衡完好
    C. 确保行车安全平稳

D. 确保桥梁美观大方

13. （　　）按墩台保养的验收标准应扣分。

A. 墩台发生沉降　　　　　　　　B. 墩台发生倾斜

C. 墩台发生滑动　　　　　　　　D. 墩台上出现大量裂纹

桥隧工（城轨）（三级）理论知识试卷答案

一、判断题

1. ×　2. √　3. ×　4. ×　5. √　6. √　7. √　8. √　9. √
10. ×　11. √　12. √　13. √　14. √　15. √　16. √　17. √　18. √
19. √　20. ×　21. ×　22. √　23. ×　24. √　25. √　26. √　27. √
28. √　29. √　30. √

二、单项选择题

1. A　2. A　3. D　4. D　5. D　6. A　7. A　8. A　9. D
10. D　11. A　12. D　13. C　14. C　15. C　16. B　17. C　18. C
19. B　20. A　21. A　22. C　23. A　24. C　25. A　26. C　27. A
28. D　29. A　30. A　31. D　32. D　33. A　34. C　35. C　36. D
37. B　38. D　39. D　40. B　41. C　42. A　43. D　44. D

三、多项选择题

1. BD　2. ABCD　3. BC　4. ABCD　5. ABCD　6. ABC　7. ABCD
8. ABCD　9. ABCD　10. BC　11. BCD　12. ABCD　13. ABCD

操作技能考核模拟试卷

注 意 事 项

1. 考生根据操作技能考核通知单所列的试题，做好考试准备。
2. 请考生仔细阅读试题单中具体考核内容和要求，并按要求完成操作。
3. 操作技能考核时要遵守考场纪律，服从考场管理人员指挥，以保证考核安全顺利进行。

注：操作技能鉴定试题评分表及答案是考评员对考生考核过程及考核结果的评分记录表，也是评分依据。

国家职业资格鉴定
桥隧工（城轨）（三级）操作技能考核
通知单

姓名：

准考证号：

考核日期：

试题1

试题代码：1.1.3。

试题名称：安装泄水管作业。

考核时间：90 min。

配分：20分。

试题2

试题代码：1.2.5。

试题名称：放置注浆嘴作业。

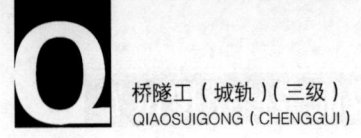

考核时间：90 min。

配分：20 分。

试题 3

试题代码：2.1.1。

试题名称：确定各类声屏障更换方案。

考核时间：90 min。

配分：30 分。

试题 4

试题代码：3.1.2。

试题名称：桥隧维修保养质量评定。

考核时间：90 min。

配分：30 分。

桥隧工（城轨）（三级）操作技能鉴定试题单

试题代码：1.1.3。

试题名称：安装泄水管作业。

考核时间：90 min。

1. 操作条件

（1）桥下需安装泄水管处 1 处（面积小于 9 m×10 m）。

（2）所需工器具。

（3）配合人员 2 名。

2. 操作内容

（1）旧管拆除。

（2）孔道与基面清理。

（3）新管安装与固定。

（4）现场清理。

3. 操作要求

（1）按准备、作业、回检程序进行。

（2）作业完成后达到单项作业验收标准。

（3）按规定着装，按作业安全规定操作。

（4）符合工器具使用要求及其他作业规定。

（5）正确执行技术操作规定。

桥隧工（城轨）（三级）操作技能鉴定试题评分表

考生姓名：　　　　　准考证号：

试题代码及试题名称		1.1.3 安装泄水管作业			考核时间				90 min	
评价要素		配分	等级	评分细则	评定等级					得分
					A	B	C	D	E	
1. 操作程序	旧管拆除 孔道与基面清理 新管安装与固定 正确使用工器具 现场清理	8	A B C D E	全部完成 完成其中四项 完成其中三项 完成少于三项 未答题						
2. 质量	基面无污物 新管安装到位，固定无松动 使用工器具正确 现场不留任何遗留物	8	A B C D E	全部完成 完成其中三项 完成其中两项 完成少于两项 未答题						
3. 安全	办理施工登记手续，设置施工防护 无违章作业 防止影响轨道线路 工完料清 完工后撤除防护，销点	4	A B C D E	全部完成 完成其中四项 完成其中三项 完成少于三项 未答题						
合计配分		20		合计得分						

考评员（签名）：

等级	A（优）	B（良）	C（尚可）	D（差）	E（未答题）
比值	1.0	0.8	0.6	0.2	0

"评价要素"得分 = 配分 × 等级比值。

桥隧工（城轨）（三级）操作技能鉴定试题单

试题代码：1.2.5。

试题名称：放置注浆嘴作业。

考核时间：90 min。

1. 操作条件

(1) 需低压注浆施工的裂缝一处（长度<6 m）。

(2) 所需工器具。

(3) 配合人员2名。

(4) 必要时具备相应登高条件。

2. 操作内容

(1) 清理裂缝表面。

(2) 安装注浆基座。

(3) 表面适当清理。

3. 操作要求

(1) 按准备、作业、回检程序进行。

(2) 作业完成后达到单项作业验收标准。

(3) 按规定着装，按作业安全规定操作。

(4) 符合工器具使用要求及其他作业规定。

(5) 正确执行技术操作规定。

桥隧工（城轨）（三级）操作技能鉴定试题评分表

考生姓名：　　　　准考证号：

试题代码及试题名称			1.2.5 放置注浆嘴作业		考核时间				90 min
评价要素		配分	等级	评分细则	评定等级				得分
					A	B	C	D	E
1. 操作程序	清理裂缝表面 安装注浆基座 表面适当清理 正确使用工器具	8	A	全部完成					
			B	完成其中三项					
			C	完成其中两项					
			D	完成少于两项					
			E	未答题					
2. 质量	裂缝表面3 cm范围无垃圾 基座粘牢裂缝表面 去除表面多余黏结剂 使用工器具正确	8	A	全部完成					
			B	完成其中三项					
			C	完成其中两项					
			D	完成少于两项					
			E	未答题					
3. 安全	办理施工登记手续，设置施工防护 无违章作业 防止影响轨道线路 工完料清 完工后撤除防护，销点	4	A	全部完成					
			B	完成其中四项					
			C	完成其中三项					
			D	完成少于三项					
			E	未答题					
合计配分		20		合计得分					

考评员（签名）：

等级	A（优）	B（良）	C（尚可）	D（差）	E（未答题）
比值	1.0	0.8	0.6	0.2	0

"评价要素"得分＝配分×等级比值。

桥隧工（城轨）（三级）操作技能鉴定试题单

试题代码：2.1.1。

试题名称：确定各类声屏障更换方案。

考核时间：90 min。

1. 操作条件

(1) 需更换的各类声屏障 3 榀。

(2) 所需工器具。

(3) 配合人员 2 名。

2. 操作内容

(1) 确定需拆声屏障的结构特点。

(2) 确定现场更换场所条件。

(3) 确定更换方案。

(4) 确定所需人员与工器具数量。

3. 操作要求

(1) 按准备、作业、回检程序进行。

(2) 作业完成后达到单项作业验收标准。

(3) 按规定着装，按作业安全规定操作。

(4) 符合工器具使用要求及其他作业规定。

(5) 正确执行技术操作规定。

桥隧工（城轨）（三级）操作技能鉴定试题评分表

考生姓名：　　　　　准考证号：

试题代码及试题名称		2.1.1 确定各类声屏障更换方案			考核时间				90 min	
评价要素		配分	等级	评分细则	评定等级					得分
					A	B	C	D	E	
1. 操作程序	确定需拆声屏障的结构特点 确定现场更换场所条件 确定更换方案 确定所需人员与工器具数量	10	A	全部完成						
			B	完成其中四项						
			C	完成其中三项						
			D	完成少于三项						
			E	未答题						
2. 质量	各类结构区别得当 现场更换环境考虑完善 确定的更换方案可行 人员合理，工器具配备到位	10	A	全部完成						
			B	完成其中四项						
			C	完成其中三项						
			D	完成少于三项						
			E	未答题						
3. 安全	办理施工登记手续，设置施工防护 无违章作业 防止影响轨道线路 工完料清 完工后撤除防护，销点	10	A	全部完成						
			B	完成其中四项						
			C	完成其中三项						
			D	完成少于三项						
			E	未答题						
合计配分		30		合计得分						

考评员（签名）：

等级	A（优）	B（良）	C（尚可）	D（差）	E（未答题）
比值	1.0	0.8	0.6	0.2	0

"评价要素"得分 = 配分 × 等级比值。

桥隧工（城轨）（三级）操作技能鉴定试题单

试题代码：3.1.2。

试题名称：桥隧维修保养质量评定。

考核时间：90 min。

1. 操作条件

(1) 在已进行过维修保养的圆形隧道进行质量状态评定，评定范围为1个隧道区间。

(2) 所需工器具。

(3) 配合人员1名。

2. 操作内容

对隧道维修保养进行质量评定。

3. 操作要求

(1) 作业完成后达到单项作业验收标准。

(2) 按规定着装，按作业安全规定操作。

(3) 符合工器具使用要求及其他作业规定。

(4) 正确执行技术操作规定。

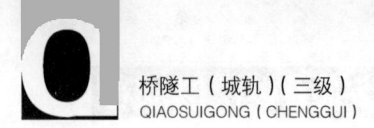

桥隧工（城轨）（三级）操作技能鉴定试题评分表

考生姓名：　　　　　准考证号：

试题代码及试题名称		3.1.2 桥隧维修保养质量评定			考核时间				90 min	
评价要素		配分	等级	评分细则	评定等级					得分
					A	B	C	D	E	
1. 操作要求	对已完成维修保养的桥隧进行详细检查 对维修保养后桥隧内存在的问题进行准确记录 对维修保养后桥隧内的病害量进行计量 对维修保养后桥隧内检查出的问题进行汇总 根据维修保养后桥隧内检查出的情况进行质量评定	20	A	全部完成						
			B	完成其中四项						
			C	完成其中三项						
			D	完成少于三项						
			E	未答题						
2. 安全	无违章作业 办理施工登记手续 防止影响轨道线路 工完料清 完工后销点	10	A	全部完成						
			B	完成其中四项						
			C	完成其中三项						
			D	完成少于三项						
			E	未答题						
合计配分		30		合计得分						

考评员（签名）：

等级	A（优）	B（良）	C（尚可）	D（差）	E（未答题）
比值	1.0	0.8	0.6	0.2	0

"评价要素"得分＝配分×等级比值。

附录A 隧道结构综合维修质量评定表

部门：　　　　　　　　区间：　　　　　　　　日期：

维修项目	扣分条件											维护部质量评定		公司质量评定	
	裂缝堵漏		变形缝堵漏，安装止水带		道床加固	防水砂浆抹面			引水板引水施工						
	封堵表面不平整	封堵处有湿渍、渗漏点	出现渗漏水	止水带安装不密贴	道床与排水沟脱离，渗水	抹面表层不平整	抹面表层有湿渍	抹面表层空鼓、不密实	引水板安装出现倒落水	引水板安装有松动、出现移动				
	每处扣3分	每处扣10分	每处扣21分	每处扣3分	每处扣8分	每处扣2分	每处扣5分	每处扣3分	每处扣41分	每处扣10分				
	单位(处)	扣分	单位(处)	扣分	单位(处)	扣分	单位(处)	扣分	单位(处)	扣分	单位(处)	扣分	单位(处)	扣分	单位(处)	扣分	单位(处)	扣分	单位(处)	扣分	扣分合计	等级	扣分合计	等级
平均合格率（%）															
平均优良率（%）															
评定人															

说明：满分为100分标准。扣除缺点分后，80~100分为优良；60~80分以下为合格；60分以下为失格。

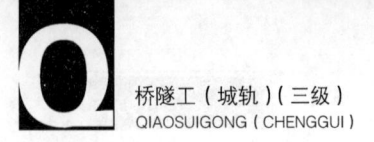

附录 B 隧道结构状态评定表

区间：　　　　　　管片总环数：

	病害等级	病害类型	病害数量（环）
隧道病害	AA	1) 涌水；2) 严重的或有堆积的渗泥沙；3) 隧道内成水膜状的连续渗流；4) 线漏（每分钟300滴）	
	A	1) 管片腰部渗水每10环大于3环；2) 腰部同侧5环以上连续湿迹；3) 整体道床排水沟与管片脱离；4) 道床开裂、排水沟开裂等病害；5) 轨枕与整体道床离缝；6) 底部环纵缝渗水每10环大于5环；7) 管片顶部张开可见螺栓；8) 腰部严重压损；轻微渗泥沙（无堆积）；9) 旁通道处渗漏水；10) 沙性土地段任何类型的渗漏水病害	
	BB	1) 除AA、A级以外的日常检查发现的其他渗水	
	B	1) 混凝土结构开裂病害；2) 掉块露筋等病害；3) 达不到国家二级防水要求的湿迹	
	C	1) 满足国家二级防水技术要求的湿迹；2) 面积小于0.01 m² 且不露筋的管片掉块等轻微病害	
质量评定	评定项目	评定方法	评定结果
	优良率	[管片总环数 – (AA、A、BB、B、C) 病害总数 × 1 环] / 管片总环数 × 100%	
	完好率	[管片总环数 – (AA、A、BB、B) 病害总数 × 1 环] / 管片总环数 × 100%	
	失格率	[(AA、A、BB、B、C) 病害总数 × 1 环] / 管片总环数 × 100%	

部门：　　　　　　　　　　　评定人：　　　　　　　　　　　日期：

说明：矩形隧道每延米视为一环，评定方法同盾构隧道。

附录 C 隧道结构保养质量评定表

部门：　　　　　　　　区间：　　　　　　　　日期：

维修项目	扣分条件											维护部质量评定		公司质量评定	
	裂缝堵漏		变形缝堵漏，安装止水带		道床加固	防水砂浆抹面			引水板引水施工						
	封堵表面不平整	封堵处有湿渍、渗漏点	出现渗漏水	止水带安装不密贴	道床与排水沟脱离，渗水	抹面表层不平整	抹面表层有湿渍	抹面表层空鼓、不密实	引水板安装出现倒落水	引水板安装有松动、出现移动				
	每处扣3分	每处扣10分	每处扣21分	每处扣3分	每处扣8分	每处扣2分	每处扣5分	每处扣3分	每处扣41分	每处扣10分				
	单位(处)	扣分	单位(处)	扣分	单位(处)	扣分	单位(处)	扣分	单位(处)	扣分	单位(处)	扣分	单位(处)	扣分	单位(处)	扣分	单位(处)	扣分	单位(处)	扣分	扣分合计	等级	扣分合计	等级

平均合格率（%）

平均优良率（%）

评定人

说明：满分为100分标准。扣除缺点分后，80~100分为优良；60~80分以下为合格；60分以下为失格。

附录 D 人防门（保养/综合维修）质量评定表

部门：　　　　日期：

维修项目	扣分条件								维护部质量评定		公司质量评定	
	门扇			混凝土门孔		门框			千斤顶	门总体结构		
	门铰耳孔同轴度	连接链条、构件	外形	锁孔位置	钢筋混凝土门	密封条	门框	铰耳孔同轴度	外形	外观质量		
外形	偏离、变形	裂痕、伤痕、脱落、固定件松动	扭曲、下垂、变形、锈蚀	偏离、破损	孔变形、开裂、露筋、混凝土脱落	凹凸不平、伤痕、缺损	与混凝土连接部位有松动、有位移、门框几何尺寸有变形	偏离、变形	底座位移、变形、锈蚀、破损	表面平整、光滑、油漆完整、颜色一致、无毛刺		
每处扣	每处扣 10分	每处扣 21分	每处扣 10分	每处扣 8分	每处扣 5分	每处扣 5分	每处扣 10分	每处扣 10分	每处扣 20分	每处扣 5分	扣分合计	扣分合计
单位（处）											等级	等级
平均合格率（%）												
平均优良率（%）												
评定人												

说明：满分为100分标准。扣除缺点分后，80~100分为优良；60~80分以下为合格；60分以下为失格。但病害程度达到影响使用功能的，一律定为失格。